O Paciente, o Terapeuta
e o Estado

Transmissão da Psicanálise
diretor: Marco Antonio Coutinho Jorge

Elisabeth Roudinesco

O Paciente, o Terapeuta e o Estado

Tradução:
ANDRÉ TELLES

Revisão técnica:
MARCO ANTONIO COUTINHO JORGE

Jorge Zahar Editor
Rio de Janeiro

Título original:
Le patient, le thérapeute et l'État

Tradução autorizada da primeira edição francesa
publicada em 2004 por Fayard de Paris, França

Copyright © 2005, Librairie Arthème Fayard

Copyright da edição brasileira © 2005:
Jorge Zahar Editor Ltda.
rua México 31 sobreloja
20031-144 Rio de Janeiro, RJ
tel.: (21) 2240-0226 / fax: (21) 2262-5123
e-mail: jze@zahar.com.br
site: www.zahar.com.br

Todos os direitos reservados.
A reprodução não-autorizada desta publicação, no todo
ou em parte, constitui violação de direitos autorais. (Lei 9.610/98)

Capa: Sérgio Campante

CIP-Brasil. Catalogação-na-fonte
Sindicato Nacional dos Editores de Livros, RJ.

R765p
Roudinesco, Elisabeth, 1944-
O paciente, o terapeuta e o Estado / Elisabeth Roudinesco; tradução: André Telles; revisão técnica: Marco Antonio Coutinho Jorge. - Rio de Janeiro: Jorge Zahar Ed., 2005

(Transmissão da psicanálise)

Tradução de: Le patient, le thérapeute et l'État
Anexos
ISBN 85-7110-829-3

1. Psicoterapia. 2. Psicoterapeuta e paciente. 3. Política de saúde mental – França. I. Título. II. Série.

04-3312
CDD 616.8914
CDU 615.851

Sumário

Agradecimentos • 8

I ∼ O charlatão • 9

II ∼ As psicoterapias • 35

III ∼ O universo das seitas • 66

IV ∼ Miragens da perícia • 87

V ∼ Do bom e do mau governo • 115

Anexos • 141

Em memória de Maud Mannoni

Se não és tu, então é teu irmão.
Jean de LA FONTAINE

Agradecimentos

Sou muito grata a Roland Gori e Marie-José del Volgo, que estiveram presentes ao longo de toda a redação deste livro e me confiaram diversos documentos.

Agradeço a Philippe Grauer e Armand Touati, que me ajudaram a invalidar diversos rumores sobre a prática das psicoterapias na França.

Agradeço igualmente a Antoine Courban, que classificou para mim as diferentes medicinas na certeza do valor trans-histórico do juramento de Hipócrates.

Sou grata a Sergio Benvenuto e Paola Mieli por suas indicações sobre as relações da psicanálise e das psicoterapias com o Estado nos Estados Unidos e na Itália, as quais me permitiram compará-las às disposições legais predominantes na França, na Grã-Bretanha e na Áustria.

Enfim, agradeço a todos aqueles que me ajudaram: Chawki Azouri, Françoise Caron, Jacques Derrida, François Régis Dupont-Muzart, Carmen Hernandez, Catarina Koltaï, Danièle Lévy e Henri Roudier.

I ~ O charlatão

"Quando eles prenderam os comunistas, eu não disse nada, pois não era comunista. Vieram pelos socialistas, e eu não disse nada, pois não era socialista. Vieram pelos dirigentes sindicais, e eu não disse nada, pois não era dirigente sindical. Vieram pelos judeus e eu não disse nada, pois não era judeu. Depois vieram por minha causa e não restava mais ninguém para dizer alguma coisa."[1]

O pavor que sentimos à leitura desse depoimento deve-se a seu valor de verdade universal. Quer vivamos em uma democracia ou sob o jugo de regimes ditatoriais, quer trabalhemos em uma dada coletividade ou pertençamos a determinada comunidade, em suma, quaisquer que sejam as circunstâncias históricas, nunca devemos ceder nem ao procedimento do silêncio nem à aceitação da arbitrariedade legal. Pois, caso entremos na espiral do terror inspirado pela alteridade julgando salvaguardar a paz em seu próprio reino, perderemos primeiro a honra e em seguida a liberdade. Mais um pouco, e estaremos estimulando a guerra.

---

[1] Depoimento do pastor Niemöller a propósito do período nazista. Citado por André Sirota, *Figures de la perversion sociale*, Paris, EDK, 2003, p.22.

No entanto foi esse procedimento e a aceitação desse ato que subscreveram, em 12 de dezembro de 2003, os representantes das mais poderosas sociedades psicanalíticas francesas.[2] Diante de um ministro benevolente e ávido por inscrever no Código da Saúde Pública uma lei capaz de "prevenir" os "usuários" (isto é, pacientes acometidos de um grande "mal de viver") contra os charlatães (isto é, os psicoterapeutas), eles reivindicaram ser dispensados de qualquer forma de vigilância estatal, em troca do que depositaram oficialmente nas mãos do Estado protetor a "lista" de seus membros, de longa data consignada nos anuários disponíveis a todos.

Mas o que é uma lista?

As listas, os inventários, os anuários, os catálogos – em suma, todos os vestígios referentes a uma contabilidade ou recenseamento – sempre serviram de suporte ora à criação de procedimentos literários, ora ao exercício do poder de Estado.[3]

---

[2] A Société Psychanalytique de Paris (SPP), a Association Psychanalytique de France (APF), ambas filiadas à International Psychoanalytical Association (IPA), fundada por Sigmund Freud em 1910, bem como a Organisation Psychanalytique de Langue Française (OPLF), a Association Lacanienne Internationale (ALI) e a Société de Psychanalyse Freudienne (SPF). Apenas a École de la Cause Freudienne (ECF), fundada por Jacques-Alain Miller e apoiada principalmente por Bernard-Henri Lévy, Jean-Claude Milner, Cathérine Clément, Philippe Sollers e Jack Lang, recusou-se a se associar a este ato, ao qual, na seqüência, três sociedades se vincularam: Espace Analytique (EA), a International des Fóruns du Champ Lacanien (IFCL) e a Fondation Européenne de Psychanalyse, sobre um total de 5.000 recenseados nos anuários e de 6.000 incluindo os não-inscritos. Estavam presentes a essa reunião, da qual publiquei o *verbatim* em *Le Nouvel Âne* (3 jan 2004): Marilia Aisenstein, Gérard Bazalgette, Edmundo Gómez Mango, Patrick Guyomard, Claude Landman, Lilia Mahjoub, Charles Melman, Jacques Sédat, eu própria, Jean-François Mattei, ministro da Saúde, e seu assessor Alain Corvez. Um manifesto de fevereiro de 2004, lançado por iniciativa de René Major, Michel Plon, Erik Porge, Franck Chaumon, Pierre Bruno, Pierre Marie, Cécile Drouet, Guy Lérès e Sophie Aouillé, conclamou os psicanalistas independentes a recusarem esse ato, colhendo 500 assinaturas. Cf. *L'Humanité*, 29 mar 2004.

[3] Cf. Elisabeth Roudinesco, "La liste de Lacan", *Revue de la BNF*, out 2003.

Anárquica, organizada ou desconstruída, a lista – enquanto tal – assegura perenidade à coisa nomeada. Toda lista é de natureza traumática, pois gera acontecimento. E foi provavelmente por essa razão que os homens, independentemente de suas culturas, sempre recorreram a listas para atestar o fato de que sua história não se reduzia a delírio ou ficção. Nos Estados democráticos, em que a transparência é de rigor, a lista deve dizer a norma e excluir a desordem. Porém, nos regimes ditatoriais, pode, ao contrário, instituir a tirania ao designar a alteridade como anomalia ou desvio.

Por seu gesto altamente simbólico – a entrega ao Estado de uma lista de nomes inscritos nos anuários –, os representantes das sociedades psicanalíticas excluíram-se portanto do mundo dos psicoterapeutas, integrando-se ao mesmo tempo a um poder de Estado que os reconhece – sem nenhum diploma específico – como não-charlatães, da mesma forma que os médicos e psicólogos titulares de diplomas reconhecidos pelo Estado. O objetivo do Ministério da Saúde é banir da cidadania os psicoterapeutas não diplomados, para substituí-los pelos médicos e psicólogos. Ao conceder aos psicanalistas um privilégio discriminatório, o Estado os autoriza portanto, *de facto*, a se tornarem psicoterapeutas ainda que não diplomados.

Há nisto algo de aberrante. Pois, com efeito, ou o Estado reconhece como terapeutas apenas aqueles a quem concede um diploma universitário – de medicina ou psicologia – ou, ao contrário, aceita que esse título seja discernido a todos aqueles, titulares ou não de diplomas, que pratiquem terapias depois de terem sido formados em associações privadas. Na primeira hipótese, nem os psicanalistas nem os psicoterapeutas devem ser habilitados como tais pelo Estado caso não forem, além disso, titulares de diplomas específicos, ao passo que, na segunda, os psicoterapeutas devem obter um status idêntico ao dos psicanalistas, já que ambos recebem sua formação em associações privadas.

É de fato porque esse privilégio concedido à psicanálise é insustentável do ponto de vista da lei que o ministro benevolente, preocupado, em sua alma e consciência, em se tornar seu protetor na França, reivindicou a entrega das listas e, melhor ainda, a elaboração, para o futuro, de um anuário comum. Ao decidir promover a caça aos charlatães, obrigando os psicoterapeutas não diplomados a se inscrever nas listas departamentais a fim de contabilizá-los, recenseá-los e avaliá-los, o Estado não podia de forma alguma – sob pena de infringir a lei – conceder aos psicanalistas um status de exceção.

Assim, exigiu deles o que Mefisto oferece a Fausto: um pacto de servidão voluntária. Para não serem designados automaticamente como charlatães, assim como os psicoterapeutas não diplomados, e para não serem avaliados por representantes do poder médico, que assim se outorgaram o direito de designar o que é ou não um terapeuta da alma, os psicanalistas comprometidos nesse pacto ganharam em exceção o que perderam em liberdade. Depois de renunciarem à sua ética, poderão doravante entregar-se mutuamente, sem limites e com toda satisfação, a uma caça aos anuários a fim de melhor excluírem, sem que o Estado sequer se envolva no assunto, aqueles que, em suas corporações, seriam suscetíveis de ser designados como charlatães.

Com o ato de 12 de dezembro, os representantes da Société Psychanalytique de Paris (SPP), que reivindica um freudismo clássico, deram um golpe de mestre. Convivendo regularmente, há anos, com os eleitos da República por ocasião de missões, encontros e colóquios diversos – na Assembléia Nacional ou no Senado –,[4] chegaram a vincular três das mais poderosas sociedades lacanianas da França à sua política de integração da psicanálise ao poder médico. O inimigo comum, odiado por todos, é o genro de Lacan, Jacques-Alain Miller, encarnação da legitimidade do mestre e líder da poderosa École de la Cause Freudienne (ECF), fundada em 1981.

Os eleitos, desse modo, foram ludibriados. Preocupados em afastar os charlatães do tratamento da saúde mental pela implementação de um novo Código da Saúde e assim responder às queixas dos "usuários",[5] foram mobilizados como consultores dos psiquiatras e dos psicanalistas, que julgavam objetivos e dedicados ao bem público. Na realidade, provocaram, sem o saberem, a eclosão de uma caça aos charlatães no próprio seio do campo psicanalítico francês. Os psicanalistas da ECF foram de fato os únicos a terem assumido publicamente a prática de sessões curtas e não cronometradas, o que os caracterizaria como impostores aos olhos de seus inimigos da SPP, adeptos de outra técnica de tratamento.

O assunto se complica quando sabemos que, entre os aliados lacanianos da SPP, um bom número também defende a prática de sessões curtas. Não se arriscariam eles, por sua vez, a

---

[4] Encontramos vestígios de todos esses colóquios em diversos sites da Internet. Cf. em particular o realizado em 23 de março de 2000 por iniciativa do deputado Bernard Accoyer, o qual me afirmou, numa conversa privada de 7 de janeiro de 2004, que ignorava a que grupos psicanalíticos pertenciam seus "consultores" psiquiatras. O leitor encontrará em anexo ao presente volume a lista das diferentes correntes da psicanálise no mundo, entre as quais figura o lacanismo.
[5] Este é o nome dado aos pacientes pelo Ministério da Saúde.

ser designados como charlatães por seus aliados? Outro problema: os membros da IPA denominam "tratamento psicanalítico" a uma prática que responde a critérios técnicos bem precisos: deve ser operacionalizada à razão de quatro ou cinco sessões por semana e com pacientes em posição deitada. Em contrapartida, chamam de "psicoterapia psicanalítica" um tratamento realizado face a face e à razão de uma ou duas sessões por semana. Ao contrário, os lacanianos definem como tratamentos psicanalíticos tanto os que são realizados face a face como aqueles em que o paciente se alonga sobre um divã. O único critério mantido é o da formação do terapeuta. Em caso de ser psicanalista, estará habilitado a praticar tratamentos psicanalíticos seja qual for a posição do paciente. Aos olhos dos lacanianos, as psicoterapias – centradas na sugestão e na busca de cura imediata – não são portanto tratamentos psicanalíticos, mas técnicas de cura e adaptação à ordem do mundo, ainda que os psicanalistas possam, em instituições diversas, a elas recorrerem.

Diremos por isso que são charlatães, e os outros, não? Um mesmo psicanalista deverá se inscrever numa lista de psicoterapeutas segundo pertença a uma escola ou outra, e segundo receba pacientes sentados ou deitados?

Seja como for, pela primeira vez na França, em virtude de uma lei da República,[6] debates científicos sobre a técnica psica-

---

[6] Um número impressionante de emendas veio à tona a partir do ano 2000. Cf. a esse respeito os caps. II e V do presente volume. Em 8 de outubro de 2003 foi votada pela Assembléia Nacional, por iniciativa do deputado Bernard Accoyer e por unanimidade dos 13 deputados presentes, uma emenda ao Código da Saúde que desencadeou uma polêmica geral entre todas as corporações psi: psicólogos, psicoterapeutas, psicanalistas e psiquiatras. Com a anuência dos psicanalistas "entregadores de anuários", a

nalítica, travados há quarenta anos à vista e sob o conhecimento de todos, tornaram-se uma questão para o poder de Estado. Tudo se passa como se daqui para a frente o Estado estivesse autorizado, por psicanalistas entregadores de anuários, a tomar partido, por tabela, em uma discussão científica sobre a qual não tem nenhuma competência.

Em nome da "segurança" da população, e da caça aos impostores, será que agora vai se pedir ao Senado ou à Assembléia Nacional que dê um parecer esclarecido sobre a maneira de tratar este ou aquele tipo de psicose, câncer ou doença cardiovascular?

Ao obter a garantia, bem ilusória, de que não iriam tocar em suas escolas,[7] e que apenas os psicoterapeutas seriam obrigados a se inscrever em listas, os psicanalistas signatários do pacto dos anuários entraram então na espiral infernal de rastreamento dos charlatães. Num primeiro tempo, puderam constatar que o Estado fazia questão de qualificar o conjunto dos clínicos que se ocupam do "mal de viver" a fim de avaliá-los. E, num segundo tempo, depois de terem sido dispensa-

---

emenda foi em seguida reelaborada por Jean-François Mattei e Francis Giraud, depois recebida no Senado, para segunda leitura, em 19 de janeiro de 2004, como se segue: "Reserva-se o uso do título de psicoterapeuta aos profissionais inscritos no registro nacional dos psicoterapeutas. A inscrição deverá constar de uma lista elaborada pelo representante do Estado no departamento de sua residência profissional. Ficam dispensados da inscrição os titulares de um diploma oficial e os psicanalistas regularmente registrados nos anuários de suas associações." Em abril de 2004, essa emenda foi novamente modificada pelo deputado Jean-Michel Dubernard, depois devolvida ao Senado. Os deputados de esquerda votaram pela retirada pura e simples de todas as emendas. Sob sua forma atual, o artigo da lei (18 *quater*) sobre o enquadramento das psicoterapias na França parece inaplicável.

[7] Tendo subscrito o pacto dos anuários, as associações declararam-se satisfeitas e tranqüilizadas pela boa vontade do ministro e pela nova redação da emenda (Comunicado à AFP, 21 jan 2004).

dos da lista departamental, passaram a designar os psicanalistas sem anuários, ou simplesmente hostis à lei, como charlatães. Prova disso, caso necessária, está na declaração de Bernard Brusset, membro da SPP. Assim que a emenda foi votada pelo Senado, precipitou-se, com a cumplicidade dos "bons lacanianos" ligados à sua política das listas, para jogar às traças os outros lacanianos, os da ECF, acusados de impostura sob o pretexto de que não respeitariam as "normas internacionais" impostas pela IPA: "Sejam quais forem as contribuições em geral bastante reconhecidas de Lacan à teoria psicanalítica, sua prática rompe com as normas internacionais e com o método freudiano de associação de idéias. As sessões sem consulta marcada, sua duração, variável porém brevíssima, podem ser eficazes para os detentores dos meios da auto-análise. O aforismo de Lacan 'O analista se autoriza apenas por si mesmo e por alguns outros' produziu abusos e estragos, e às vezes fraudes caracterizadas. Elas vêm tendo grande peso na herança justamente quando excelentes psicanalistas lacanianos retornaram a práticas mais sérias, tentando organizar formações coerentes no seio de suas associações."[8]

Vamos nos entender: pode-se e deve-se criticar a prática das sessões curtas.[9] É inaceitável, porém, que psicanalistas se sirvam do poder público para se dedicarem a uma caça às bruxas contra outros psicanalistas – quaisquer que sejam estes – visando fazer triunfar pretensas "normas" contra pretensos

---

[8] Site www.oedipe.org, 25 jan e 1º fev 2004.
[9] Como eu própria fiz em diversas ocasiões. Sobre essa questão e sobre a significação da frase de Lacan, cf. Elisabeth Roudinesco, *Jacques Lacan: esquisse d'une vie, histoire d'un système de pensée*, Paris, Fayard, 1993 [ed. bras.: *Jacques Lacan: esboço de uma vida, história de um sistema de pensamento*, São Paulo, Companhia das Letras, 1997.]

"desvios". Pois essas pretensas normas não são de forma alguma definidas pelo Estado, assim como tampouco os desvios, transgressões ou abusos, uma vez que o Estado reconhece tão-somente os diplomas concedidos nas universidades. Em outras palavras, o Estado deve empenhar-se em não intervir nesse gênero de debate, e se determinadas sociedades convocam o poder público para dirimir suas diferenças, o Estado deve recusar-se a avalizá-las a fim de não extrapolar sua responsabilidade.

Ao contrário da caça orquestrada pela SPP, uma jurista e um filósofo tiveram coragem de se interrogar sobre um dos aspectos essenciais desse debate. Em um texto intitulado "Deixem nossos charlatães em paz" e assinado por vários psicanalistas, eles conclamam, contra a mania do controle medicalizado, à liberdade de escolha dos pacientes: "Nós, que estamos, estivemos ou poderemos estar engajados em uma psicoterapia ou uma psicanálise, pedimos às 'autoridades sanitárias' que façam a gentileza de parar de nos proteger dos charlatães. De fato, não estando ainda sob tutela, julgamos sermos capazes de escolher por nossa própria conta e risco nossos psicanalistas e nossos psicoterapeutas."[10]

Mas o que é um charlatão e por que um Estado deveria se arvorar a saber quem tem e quem não tem direito de se ocupar do sofrimento da alma?

Oriunda da língua italiana em 1572, a palavra significa literalmente "habitante de Cerreto"[11] e figuradamente "arauto

---

[10] Marcela Iacub e Patrice Maniglier, "Laissez-nous nos charlatans", *Le Monde*, 3 dez 2003. Cf. igualmente René Major, "La psychanalyse est-elle sécurisable?" *Magazine Littéraire*, nº28, fev 2004.
[11] Aldeia situada próximo a Spoletto, cujos habitantes vendiam drogas nos mercados.

dos mercados", "arengueiro" e sobretudo "vendedor de drogas" e de "boatos". A partir do final do século XII, o termo designa de forma pejorativa os bufões, os arrancadores de dentes, os vendedores de sopa de sapos, em suma, todo impostor que explora a credulidade popular.

Toda sociedade reserva um lugar para a figura do impostor justamente porque é incapaz de funcionar sem definir claramente a quem rejeita e a quem inclui em virtude das normas por ela fixadas. Assim, o charlatão, seja qual for o nome que se lhe dê, é sempre uma figura estrutural do heterogêneo. Definido como a parte maldita,[12] ele é o que escapa à razão ou ao *logos*. Ele é o diabo, o excluído, o sagrado, a sujeira, a pulsão, o inconfessável, a morte. Mas é ao mesmo tempo a droga (*phármakon*), o provedor de drogas (*phármakos*), o drogado, o bode expiatório ou o mártir que deve ser punido para que a cidade se regenere. O charlatão é portanto um ser duplo: endossa a sanção, mas é também condição de toda sanção. É tanto aquele que proporciona a cura com a ajuda de suas poções milagrosas como quem distribui a poção. Envenenador ou reparador, tirano ou miserável, o charlatão é o *outro* da ciência e da razão, o *outro* de nós mesmos.[13]

Na França, é logo depois da Revolução, e em benefício da invenção da clínica médica, oriunda do "avental" de Xavier Bichat,[14] que nascem os novos códigos do saber reguladores das

---

[12] Cf. Georges Bataille, *La Part maudite*, in *Œuvres complètes*, t.VII, Paris, Gallimard, 1976.

[13] Lembremos que na tragédia de Sófocles, Édipo, depois de seu crime, passou do status de sábio e rei ao de amaldiçoado e bode expiatório.

[14] Xavier Bichat (1771-1802): médico e cirurgião francês. Iniciador da primeira medicina científica, que florescerá em seguida com François Broussais (1772-1838), Clau-

relações entre a doença e o sujeito doente. Este último torna-se um "caso", no qual se inscreve o universal da doença, enquanto o sintoma passa a ser um elemento significante que permite a construção de vastas nosologias[15] e poderosos programas de luta contra a angústia e o mal-estar. Daí advém uma consciência médica, prognóstica, normativa, coletiva, fundada no higienismo, que progressivamente suprime a noção de doença vivida pelo sujeito e enviada por Deus. Aparece então a vontade estatal de medicalização da Cidade.[16] A saúde deixa de ser definida como um estado antagônico ao da doença, e ambos os termos desaparecem progressivamente do discurso médico para dar lugar a uma representação do sujeito, do corpo e da sociedade centrada na alternância entre norma e patologia.

Portanto, trata-se igualmente para os responsáveis pelas políticas estatais de saúde não apenas de melhorar a sorte dos doentes, mas de assegurar a proteção das pessoas às voltas com rituais de curandeiros, bruxos ou distribuidores de poções mágicas, e sobretudo obcecadas pelo terror das epidemias, percebidas como um correlato da dissolução dos costumes e da perda da autoridade monárquica. A partir de 10 de março de 1803, o Estado então estabelece os princípios de uma medicina científica. No futuro, seus clínicos serão formados em faculda-

---

de Bernard (1813-78) e Louis Pasteur (1822-95). Ao "abrir cadáveres", Bichat ligou a clínica à anatomia e definiu a vida como o conjunto das funções que resistem à morte. Cf. Michel Foucault, *Naissance de la clinique* (1963), Paris, PUF, 1972 [ed. bras.: *O nascimento da clínica*, Rio de Janeiro, Forense Universitária, 1998].

[15] Nosologia: sistema de classificação das doenças.

[16] A medicina de Estado nasceu na Alemanha no início do século XVIII ao mesmo tempo que a ciência de Estado. Cf. Michel Foucault, *Dits et écrits*, t.III, Paris, Gallimard, 1994, p.210-11 [ed. bras.: *Ditos e escritos*, Rio de Janeiro, Forense Universitária, 5 vols., 1999-2004].

des onde receberão diplomas, e todos os que ainda exercem sua arte segundo as tradições do Antigo Regime deverão registrar seus títulos em listas sob pena de serem assimilados a charlatães, isto é, a curandeiros ilícitos.[17]

Mas as coisas não são tão simples. Nessa época, de fato, e nos sessenta anos seguintes, a medicina científica, não obstante em vias de se separar da tradição hipocrática dos "humores", ainda não é capaz de curar as doenças por ela nomeadas e cujo mecanismo psicológico começa a compreender. Em outros termos, no exato momento em que o Estado inaugura sua grande luta contra o obscurantismo das crendices, a medicina ainda não elaborou tratamentos curativos para oferecer ao povo. Por ora, Georges Cabanis contenta-se em formular a pergunta: "A arte de curar está fundada em bases sólidas?" Em conseqüência, a medicina permanece uma ciência da observação, não ainda da experimentação. Assim, deve ser ensinada em hospitais, onde o paciente torna-se um "caso", e não na universidade, onde "ocupam-se de livros sem observarem a natureza".[18]

Se por um lado o Estado confisca da Igreja a gestão da saúde pública, por outro o povo permanece ligado às suas crenças, levado a isto pelos padres, que interpretam a desgraça biológica como uma punição divina à qual todos devem se submeter. E, a fim de perenizar essa moral do sofrimento necessário, preconizam, contra a medicina do Iluminismo, o recurso aos milagres, aos rosários, às novenas, às peregrinações, mas também às práticas mais pagãs e ocultas dos curandeiros, embusteiros e exor-

---

[17] Cf. Jacques Leonard, *La médecine entre les pouvoirs et les savoirs*, Paris, Aubier, 1981.
[18] Cf. Georges Canguilhem, *Études d'histoire et de philosophie des sciences*, Paris, Vrin, 1968.

cistas de todo tipo. Durante um século, portanto, os médicos da ciência coabitarão com os charlatães.

E como a história do charlatanismo segue o mesmo caminho que o da ciência, os praticantes dos saberes ocultos, longe de permanecerem tributários das antigas técnicas de cura mágica, irão tornar-se, eles também, médicos titulares de diplomas reconhecidos pelo Estado. Melhor ainda, pegarão da ciência seus métodos, seus modelos, seus cálculos, suas previsões, suas medicações etc. Empenhados em combater a ciência com a ajuda de *outra* "ciência", eles se desvincularão dos padres e da religião para construir uma "medicina" similar, na aparência, à medicina científica – por eles denominada "homeopatia".

Criada por Friedrich Samuel Hahnemann, médico alemão que pretendia combater a ineficácia dos tratamentos da medicina científica na primeira metade do século XIX, a homeopatia repousa em uma terapêutica dita das "altas diluições", a qual consiste em produzir no homem saudável sintomas similares àqueles da doença a ser combatida. Porém, como essas "diluições" não passam de substâncias desprovidas de qualquer princípio ativo, isso significa que ao produzirem uma sensação de bem-estar no paciente, elas agem por sugestão, em virtude do que hoje é chamado de efeito placebo.[19]

Ao se comparar candidamente à ciência, na medida em que também recorre à química, a homeopatia é de fato uma placeboterapia que reabilita o elo perdido pela medicina entre o doente e sua doença, entre o terapeuta e o paciente. Em ou-

---

[19] Denomina-se atualmente "placebo" uma substância desprovida de qualquer princípio ativo. Os laboratórios farmacêuticos utilizam seu princípio "às cegas" (sobre pacientes) ou "duplamente às cegas" (sobre pacientes e à revelia dos médicos) para testar moléculas ativas.

tros termos, contra os excessos de uma medicina científica estatal, anônima, centralizada, ela propõe ao sujeito moderno um retorno a um tipo de espiritualidade animista ou naturalista, fundada em regimes alimentares e em uma busca da unidade da pessoa.

Tudo indicava que, com o formidável florescimento, ao longo de todo o século XX, de uma medicina científica realmente curativa, a homeopatia iria desaparecer, assim como todas as medicinas ditas "paralelas", herdadas da tradição popular dos curandeiros. Nada disso aconteceu. Como saber oculto que repousa num ritual de conjuração e haurindo sua legitimidade das incertezas da razão, ela se desenvolveu no mundo inteiro à maneira de um movimento ecológico-naturalista, com seus adeptos, suas escolas divergentes, suas cisões, seus "medalhões", e sobretudo suas cerimônias terapêuticas: ingestão sublingual do remédio em horas fixas, repúdio à menta ou a outras substâncias julgadas incompatíveis etc. Quanto aos múltiplos estudos que por diversas vezes apresentaram provas da não-atividade de suas diluições, apenas estimularam seu sucesso junto a um público cada vez mais numeroso.

Oficialmente legitimada em 1982 e atualmente ensinada nas faculdades de medicina, a homeopatia é atualmente praticada na França por médicos que não se julgam de forma alguma charlatães e que, graças a seus diplomas, são legalmente reconhecidos pelo Estado como autênticos terapeutas.[20] E, contudo, grande parte da corporação médica continua a se opor a essa validação, como atestam as declarações oficiais da

---

[20] Ela é objeto de um diploma universitário de "medicina natural", assim como a mesoterapia, a auriculoterapia, a fitoterapia e a osteopatia.

Academia de Medicina: "Não há por que, escrevia um de seus membros em 1985, oficializar um ensino cujas bases não repousam em dados científicos. Será que amanhã teremos que oficializar a varinha de condão como instrumento diagnóstico ao lado do estetoscópio e a imposição das mãos como procedimento terapêutico?" E também: "Os médicos paralelos constituem um retrocesso que remete a uma era pré-científica da humanidade."[21]

A homeopatia, portanto, é para a medicina científica o que movimentos carismáticos são para a religião: uma crença que imita a verdade. "Pouco importa, escreve Thomas Sandoz, a fragilidade das lendas terapêuticas que acompanham a homeopatia ... Esta simboliza perfeitamente uma tentativa legítima e bem-sucedida de restituir aos pacientes e aos clínicos o sentimento de serem social e medicamente ativos. É bem pouco para as ciências médicas, mas crucial do ponto de vista da psicologia da saúde."[22]

Durante dois séculos, todas as políticas ditas de "saúde pública" permitiram à medicina científica afirmar sua superioridade sobre todas as outras terapêuticas – mágicas, culturais, esotéricas – sem nunca conseguir erradicá-las.

Sob esse aspecto, a homeopatia não é a única medicina "paralela" ou "alternativa" a ter sido implantada de forma tão espetacular nos países democráticos, onde a ciência médica su-

---

[21] Declarações do professor Gounelle de Pontanel em *Le Figaro*, 4 abr 1984, e do professor Sournia em *Science e Vie*, nº150, mar 1985. Cf. também François Laplantine e Paul-Luis Rabeyron, *Les médecines paralèlles*, Paris, PUF, col. Que Sais-Je?, 1987, e Jean-Marie Abgrall, *Les charlatans de la santé*, Paris, Payot, 1998, p.10.
[22] *Dictionnaire de la pensée médicale* (org. Dominique Lecourt), Paris, PUF, 2004, p.582.

postamente teria encontrado um acolhimento racional junto a todas as camadas da sociedade. Na realidade, de quinze anos para cá a busca da auto-estima e do desenvolvimento pessoal vem se tornando uma das questões primordiais da cultura do narcisismo, que caracteriza as classes médias das sociedades ocidentais. Nesse contexto, a saúde não se define mais apenas como o "silêncio dos órgãos" – ausência de doença ou enfermidade –, mas como um estado de bem-estar físico, social e mental que teria como horizonte fantasístico o acesso à imortalidade.

Não surpreende portanto que as grandes políticas de saúde pública, ligadas a uma concepção experimental da medicina, tenham ampliado o poderio de um grande mercado da ilusão terapêutica. Vistos como objetos cujo corpo é silenciosamente explorado, ou tratados como doentes às voltas com a loucura de seus neurônios ou de seus genes, vários sujeitos doentes, aterrados à idéia de uma perda de si, voltaram-se ora para as seitas, ora para as psicoterapias, ora para as múltiplas medicinas paralelas, naturais ou alternativas, atualmente em plena expansão. Esoteristas, curandeiros, iridólogos, massagistas, magnetizadores, astrólogos, adeptos do jejum ou da terapia pela urina, naturopatas, colocadores de ventosas, canceroterapeutas pelas ervas, vendedores de cápsulas gelatinosas milagrosas ou pílulas de rejuvenescimento rivalizam nas receitas, pretendendo se encarregar de toda a miséria de uma sociedade doente de seu progresso e vítima, em função da mercantilização do mundo, do desespero identitário.[23]

---

[23] O leitor encontrará em anexo ao presente volume a lista não exaustiva dos médicos paralelos listados pela Organização Mundial da Saúde (OMS). Na França, estima-se

Essa espetacular cultura da ilusão terapêutica caracteriza-se, sobretudo na França, pela criação de grupos ou redes cujas poções, pomadas e cápsulas são acolhidas com fervor por diversas revistas, aliás, do mesmo modo que os tratamentos da medicina científica: *Santé Magazine, Présentation Santé, Prévention Santé, Plantes et Médecines, Médecines Nouvelles* etc. Entretanto, produziu-se uma mudança importante entre o final do século XX e o início do XXI. Em 1984, era o livro da cantora Rika Zaraï, *Minha medicina natural*, que recebia, contra a medicina dita "oficial", a atenção de um público popular, ao passo que em nossos dias é no livro de um psiquiatra, formado no hospital de Sahadyside da Universidade de Pittsburgh e professor de terapia cognitiva no Centro Hospitalar Universitário (CHU) de Lyon, que os consumidores da ilusão terapêutica podem descobrir, deliciados, receitas contra o "mal de viver" dignas dos mais famosos curandeiros dos tempos antigos.

Contrário tanto ao Prozac[24] quanto à psicanálise, David Servan-Schreiber afirma, por exemplo, que a melhor maneira de lutar contra a depressão é consumir ácidos graxos e dedicar-se a movimentos de relaxamento ocular. Comer peixe e legumes verdes em lugar de carne e féculas, revirar a íris para irrigar o cérebro, eis os métodos desse novo doutor da alma e do corpo. Diferentemente de Rika Zaraï, ele reivindica para si a medicina científica: "Cada um de meus métodos, diz, foi cientificamente

---

em 100.000 o número desses profissionais paralelos, entre os quais figuram tanto titulares de um diploma de medicina ou de psicologia, como astrólogos, videntes ou gurus de seitas "curadoras". Todavia, esses números devem ser manejados com prudência, pois nenhum levantamento sério foi realizado. Cf. Jean-Marie Abgrall, *Les charlatans de la santé*, op.cit.

[24] Célebre psicotrópico da classe dos antidepressivos.

validado por estudos que oferecem garantias de rigor e de credibilidade."[25]

Para fazer com que suas descobertas frutificassem, David Servan-Schreiber, favorável à introdução das medicinas paralelas no seio da medicina científica, criou então uma nova terapia emocional do movimento ocular, próxima da auto-hipnose: o EMDR (*Eye Movement Desensitization and Reprocessing*). Mas criou também uma "lâmpada" que propaga, bem antes do despertar, uma luminosidade que reproduz a do nascer do sol, à qual deu o nome de "estimulador da aurora". Finalmente, investiu na formação de uma sociedade, Isodis Natura, que comercializa o "complemento alimentar OM3".

Assim como Rita Zaraï, David Servan-Schreiber preconiza uma medicina fundada em substâncias ditas naturais, diferentes daquelas da homeopatia, mas pouco ativas ou agindo por efeito placebo. E no entanto nenhuma das duas é regida pelo mesmo status legal. Em um dos casos – o de Rika Zaraï ou seus êmulos – o Conselho da Ordem dos Médicos pode sempre entrar, sem necessidade de queixa de terceiros, com um processo judicial por exercício ilegal da medicina, ao passo que, em se tratando de um médico, o Conselho só pode intervir caso receba queixas. As partes civis devem então fornecer a prova de que os profissionais trataram com substâncias inadequadas doen-

---

[25] David Servan-Schreiber, declarações compiladas por *Le Nouvel Observateur* num dossiê intitulado "Vaincre l'anxiété, la dépression, le stress, sans Freud ni pilules: la nouvelle médecine du corps e de l'âme", 21-27 ago 2003. Cf. também David Servan-Schreiber, *Guérir le stress, l'anxiété, la dépression sans médicaments ni psychanalyse*, Paris, Laffont, 2003 (400.000 exemplares vendidos; em *Le Monde 2*, 22 fev 2004, David Servan-Schreiber é qualificado de "guru de uma nova medicina"). Cf. também Rika Zaraï, *Ma médecine naturelle*, Paris, Carrère/Michel Lafon, 1984 (um milhão e meio de exemplares vendidos).

ças que não requerem aquele tratamento: cânceres, doenças infecciosas ou cardiovasculares etc. Ora, David Servan-Schreiber não pertence a essa categoria, já que se ocupa apenas das afecções da alma e não das doenças orgânicas, de modo que não hesita em afirmar, apoiando-se em trabalhos epidemiológicos, que o consumo de peixe diminui o risco de câncer.[26]

Mas quais seriam então, de fato, as "verdadeiras doenças" tratadas "eficazmente" pelos médicos que receitam substâncias inoperantes a seus pacientes? A resposta é bastante simples: são "doenças da alma", isto é, "doenças" que a princípio são tratadas exclusivamente pela sugestão ou pela relação transferencial, que apenas os verdadeiros "médicos da alma" estão capacitados para tratar, tenham ou não diplomas reconhecidos pelo Estado: psicólogos clínicos, psiquiatras, psicanalistas, psicoterapeutas. Serão eles autorizados um dia a apontar como charlatães médicos receitadores de substâncias inoperantes e não formados nos diferentes métodos de abordagem do psiquismo?

Recentemente, um certo Loïc Le Ribault, perito judiciário cortejado durante anos pelo Ministério da Justiça, geólogo por formação e criador de um método "científico" destinado a identificar criminosos, foi perseguido pela Ordem dos Médicos por ter inventado uma substância milagrosa, o silanol, destinada a curar artroses, torcicolos, problemas musculares, psoríase e outras afecções do mesmo gênero. Aclamado pelos pacientes aos quais essa poção parecia convir, ele declarou em seu proces-

---

[26] Diversos trabalhos epidemiológicos mostraram que certos cânceres estão ligados a um consumo excessivos de gorduras. Mas nada prova, caso a caso, que um sujeito possa ser preservado desses tipos de câncer por regimes alimentares específicos.

so, em janeiro de 2004, que setenta produtos similares ao seu eram legalmente comercializados nas farmácias sem que o Conselho da Ordem se preocupasse.[27] Quando se sabe, além disso, que substâncias tão ativas quanto os psicotrópicos são prescritas a torto e a direito por clínicos gerais, incompetentes em psiquiatria, pode-se de fato se perguntar quem é o charlatão de quem...[28]

Na França, desde a introdução no Código de Saúde Pública e das leis de março de 2002,[29] está estipulado que "nenhum ato médico ou tratamento pode ser praticado sem o consentimento livre e esclarecido da pessoa e esse consentimento pode ser retirado a qualquer momento". Mas a lei também esclarece que "toda pessoa tem, levando-se em conta seu estado de saúde e a urgência das intervenções por este requerida, direito a receber os cuidados mais apropriados e se beneficiar de terapêuticas cuja eficácia seja reconhecida e que garantam maior segurança sanitária sob o aspecto dos conhecimentos médicos comprovados. Os atos de prevenção, investigações ou cuidados não devem, no estado dos conhecimentos médicos, fazer-lhe correr riscos desproporcionais em relação ao benefício obtido."

Como vemos, o legislador considera que todo sujeito tem direito a recusar um tratamento – e portanto de pôr sua vida em perigo –, sob a condição de que seja informado da eficácia real do dito tratamento do ponto de vista dos conhecimentos

---

[27] Cf. Hugues Jeanneaud, "Le procès du professeur Tournesol", *Le Journal du Dimanche*, 1º fev 2004.
[28] O excesso de prescrição médica foi denunciado pela Academia de Medicina francesa em 1997. Cf. também Édouard Zarifian, *Le prix du bien-être: psychotrope et société*, Paris, Odile Jacob, 1996.
[29] *Journal Officiel*, 5 mar 2002. Lei nº 2002-2003 de 4 de março de 2002 relativa aos direitos dos doentes e à qualidade do sistema de saúde.

médicos. Em outras palavras, um paciente acometido por um câncer pode perfeitamente recusar-se a ser tratado pela medicina sob a condição de que o médico tenha obtido seu consentimento livre e esclarecido[30] depois de tê-lo informado dos perigos que correria caso se esquivasse à cirurgia, à quimioterapia e à radioterapia – isto é, aos únicos tratamentos eficazes nesse domínio – para se voltar para um homeopata ou um fitoterapeuta. Em um caso desses, porém, podemos considerar o paciente realmente em condições de tomar uma decisão "livre e esclarecida"? Será sua vontade de fugir do tratamento eficaz e de recorrer a uma medicina paralela, que o conduzirá à morte, conseqüência de uma alienação, de uma psicose, de um desejo inconsciente de suicídio, de um terror ou de uma decisão livremente consentida de morrer?

Não poderíamos então dizer que o "consentimento" de um paciente desse tipo deve ser visto como "inoperante", assim como é inoperante, segundo a lei francesa, toda decisão de uma pessoa que "consente" em sua própria escravidão, sua condenação à morte, sua mutilação? Na realidade, as coisas são mais complexas. De fato, nenhum médico pode obrigar a um tratamento uma pessoa em perigo de vida, contanto que ela tenha sido "esclarecida" sobre a natureza de sua doença. Mas o que deve fazer um homeopata quando esse paciente lhe requer a prescrição de uma substância inativa? Deve informá-lo da ineficácia radical da dita substância nesse caso preciso? Certamente. Mas então todo homeopata não estaria no dever de

---

[30] Cf. a esse respeito a excelente conferência de Roland Gori, "Le nourrisson savant dans les logiques du consentement", Colóquio de Aix-en-Provence sobre o Consentimento, 21 set 2003.

informar a todo paciente que as diluições por ele receitadas são substâncias não ativas que agem por sugestão? Todo homeopata deve declarar-se "charlatão", mesmo sendo médico e titular de um diploma legal de "medicina natural"?

Em 1926, quando tomou a defesa de seu amigo Theodor Reik,[31] Freud enfatizou quão perigoso era dedicar-se, de forma incoerente, à caça aos charlatães: "Permita-me dar à palavra 'charlatão' o sentido a que tem direito, e não sua significação legal. Pela lei, é charlatão aquele que trata dos doentes sem provar que possui um diploma médico reconhecido pelo Estado. Eu preferiria outra definição: é charlatão aquele que empreende um tratamento sem possuir conhecimentos e capacidades requeridos. Apoiando-me nessa definição, arrisco-me a afirmar que – não unicamente nos países da Europa – os médicos fornecem à análise seu maior contingente de charlatães. Muito freqüentemente eles praticam o tratamento psicanalítico sem tê-lo aprendido e sem compreendê-lo."[32]

Se a medicina de Estado, a despeito da forte oposição do corpo médico, aceitou acolher em seu seio um saber oculto[33] – a homeopatia –, conferindo-lhe a dignidade de uma medicina considerada "natural", e se não é mais capaz de distinguir a prática médica dos simples conselhos de nutrição, isso significa que ela não é tão isenta de irracionalidade quanto deixa supor.

---

[31] Theodor Reik (1888-1969): psicanalista norte-americano de origem austríaca, foi acusado em 1926 de exercício ilegal da medicina por praticar tratamentos psicanalíticos sem ser médico.
[32] Sigmund Freud, *La question de l'analyse profane* (1927), Paris, Gallimard, 1985, p.106. Cf. também Roland Gori, "Tous psychothérapeutes?", *Cultures en Mouvement*, nº65, mar 2004. Voltarei a essa questão capital no cap.V.
[33] Na Grã-Bretanha, a homeopatia é reconhecida como uma medicina "natural", porém seus clínicos não são obrigados a serem médicos.

Através das relações tecidas, no Ocidente, entre os pacientes, os médicos e o Estado, vemos, mais uma vez, o quão central é, na história das terapias do corpo e da alma, a estranha figura do charlatão. Quanto mais um discurso científico pretende erradicar as crendices apoiando-se numa política de vigilância, de segurança, de perícia "científica" ou de controle dos povos e das consciências, mais ele estimula o surgimento de novos charlatanismos, que, por sinal, se lhe assemelham a ponto de ele procurar ora adotá-los, ora estigmatizá-los. Mas o charlatão que se quer excluir da Cidade, fazendo-se uso de uma ciência erigida na religião em lugar da razão, está sempre presente, seja no exterior dos grandes sistemas que visam sua abolição, seja no interior desses mesmos sistemas que buscam integrá-lo. Qual uma droga ou um espectro, ele está sempre lá, agachado na sombra, semelhante aos monstros de Goya no reino dos sonhos. E para impedi-lo de causar danos, convém estar bem consciente de que nunca se conseguirá isso: nem pela caça às bruxas, nem pela perícia dita científica, nem pelo reconhecimento puro e simples (cujos efeitos são evidentemente perversos).

A partir do final do século XIX, as políticas higienistas de saúde pública tiveram dois componentes: um, progressista, humanista e racional, visava melhorar a saúde das populações pelo rastreamento e tratamento das grandes doenças orgânicas; o outro, francamente reacionário, oculto e mortífero, desembocará no eugenismo, isto é, numa ideologia da eliminação da "raça" ruim, dita "doente", em prol da boa, dita "saudável".[34]

---

[34] Cf. Michel Foucault, *La volonté de savoir*, Paris, Gallimard, 1976 [ed. bras.: *História da sexualidade*, vol.1, *A vontade de saber*, São Paulo, Graal, 2003].

Não foi portanto o charlatanismo enquanto tal que precipitou na rampa de Auschwitz milhões de representantes da "raça ruim" (judeus, ciganos, homossexuais, testemunhas de Jeová), mas um eugenismo fanático fruto da ciência médica mais elaborada da Europa. O horror genocida foi tornado possível pela própria ciência, travestida em saber oculto e pervertida por um charlatanismo de Estado. E sabemos que as primeiras experiências de extermínio foram realizadas sobre doentes mentais. Provavelmente Hitler foi o maior charlatão do Ocidente, adepto da naturopatia e de regimes vegetarianos, mas sua política foi apoiada por cientistas de alto nível, entre os quais um número impressionante de médicos: "Os médicos, psiquiatras, biólogos, geneticistas e antropólogos que colaboraram com a iniciativa nazista, escreve Benoît Massin, não eram psicopatas marginais, mas freqüentemente as figuras mais em voga de sua comunidade científica. Seu engajamento decorria da tradição central da pesquisa antropológica e biomédica alemã há sessenta anos."[35]

Sabe-se atualmente que a vontade fanática de "higienizar" os corpos e as consciências corre sempre o risco de resultar num projeto de erradicação do desvio que tem por objetivo o controle não mais da saúde física, mas da saúde dita "racial" ou "mental".

Nascida no início do século XIX, beneficiada pela instauração da nova medicina científica e estatal, a psiquiatria dotou-se, sob o impulso de Philippe Pinel, médico e ideólogo, de uma abordagem racional do fenômeno da loucura. Ela retirou

---

[35] Paul Weindling, *L'Hygiène de la race*, t.I, *Hygiène raciale et eugénisme medical en Allemagne, 1870-1933*, Paris, La Découverte, 1998, prefácio de Benoît Massin.

o louco de seu status de insensato para fazer dele um alienado, habitado por um resto de razão.[36] Ao se tornar médico, o alienista tornou-se assim herdeiro do padre, e seu papel consistiu em *consolar* o doente, trazendo-lhe apoio e compaixão. Porém, a essa arte de consolar somava-se a de classificar as diferentes formas de loucura através das grandes nosologias, as quais permitiam definir uma clínica e propor um tratamento. Em outras palavras, o psiquiatra da nova ordem médica oriundo da Revolução devia criar classificações que não fossem apenas codificações comportamentais, mas maneiras de integrar o louco, enquanto sujeito de direito, ao espaço jurídico oriundo da Declaração dos Direitos do Homem e do Cidadão.

Durante um século, a psiquiatria hesitará incessantemente entre duas explicações da doença mental. Uma, progressista, fundada ao mesmo tempo na causalidade psíquica e na vontade de curar; a outra, fixista, centrada na causalidade orgânica e visando introduzir o psiquismo nas categorias de um biopoder. No primeiro caso, o paciente e o médico estabelecem uma aliança terapêutica de tipo transferencial ou psicodinâmico; no segundo, o paciente entrega-se ao esquadrinhamento de seus neurônios e de seus comportamentos, ou ao periciamento de suas funções cognitivas, em suma, a um verdadeiro niilismo terapêutico, este mesmo que triunfa nos dias de hoje com o uso abusivamente "científico" dos psicotrópicos.

No final do século XIX, na ausência da psicofarmacologia, a internação asilar era vista como o único recurso para tratar a loucura. A longa duração da permanência no hospício torna-

---

[36] Cf. Jan Goldstein, *Consoler et classifier: l'essor de la psychiatrie française* (1987), Le Plessis-Robinson, Synthélabo, col. Les Empêcheurs de Penser en Rond.

ra-se então, como o é atualmente a camisa-de-força química, o único tratamento possível de todas as doenças mentais. Foi a época da teoria da hereditariedade-degenerescência, que se impôs em vários domínios do saber antes de se extinguir em 1905. Ela reduzia a doença mental a uma causalidade estritamente orgânica, condenando ao vazio a própria idéia de subjetividade.

Será a partir desse declínio que as psicoterapias, herdadas das antigas crenças nas curas milagrosas, tentarão sugerir uma solução terapêutica para as doenças psíquicas fora da ciência médica e de suas políticas de Estado. Será nesse terreno também que a psicanálise, disciplina leiga e racional, virá restituir ao sujeito seu lugar num dispositivo em que a fala, como expressão do inconsciente, escapa a toda política de vigilância que pretenda higienizar o psiquismo. Ela se desenvolverá em aliança com a medicina científica e no cerne da psiquiatria, à qual imprimirá nova vitalidade, alimentando ao mesmo tempo, com sua experiência clínica, as diversas escolas de psicoterapia do mundo ocidental.

II ~ As psicoterapias

Desde a criação, em 1872, do termo "psicoterapia" pelo médico inglês Daniel Hack Tuke, e depois de sua popularização na França por Hippolyte Bernheim, esse método de tratamento das doenças ditas "psíquicas"[1] teve grande expansão no mundo ocidental, mais particularmente nos Estados Unidos, a ponto de agora ser impossível defini-la como uma disciplina singular provida de fundamento sistematizado. Mais que recorrer ao termo "psicoterapia", portanto, hoje é preferível falar *das* psicoterapias. Diremos por isso que essa terapia da alma é indefinível em virtude de sua fantástica atomização? Decerto, não. Mas essa constatação de diversidade, que atesta uma evolução das sociedades ocidentais agora apaixonadas pela higiene, pelo

---

[1] Daniel Hake Tuke (1827-95): bisneto de William Tuke (1732-1822), ele próprio fundador da psiquiatria inglesa, pertencia a uma longa linhagem de clínicos filantropos adeptos, como o médico francês Hippolyte Bernheim (1840-1919), da idéia de tratar as doenças psíquicas através da fala. As doenças ditas "psíquicas" – ou doenças "dos nervos" – são tradicionalmente denominadas neuroses (histeria, angústia, obsessões) e são da alçada da psicoterapia, ao passo que as doenças ditas "mentais", isto é, as psicoses (a loucura), dizem antes respeito à psiquiatria, bem como as doenças ditas do humor (melancolia, depressão).
Denomina-se "psiquiatria dinâmica" ou "psicodinâmica" o conjunto das escolas e correntes que se dedicam à descrição e à terapia de todas essas "doenças" segundo

bem-estar e pela imortalidade, deveria incitar à prudência os classificadores, os avaliadores e outros peritos em todos os gêneros.

Ao se consultar a lista (não exaustiva) das medicinas paralelas elaborada pela OMS, descobre-se uma curiosíssima mistura. São assim associados diversos métodos clássicos de psicoterapia individual ou grupal (hipnose, gestalt-terapia, psicodrama) que nada têm a ver com a categoria das medicinas paralelas; um ramo da psicologia (a psicologia neurofisiológica) que não é nem uma medicina nem uma psicoterapia; um falso saber de tradição oculta (a astrologia diagnóstica), do âmbito da vidência, do esoterismo (e, no caso, da organização sectária); e, finalmente, uma incrível variedade de "práticas" que se vinculam ora ao domínio das medicinas paralelas (fitoterapia, iridologia, ventosas, sangrias), ora às disciplinas espirituais e corporais não terapêuticas (ioga) e algumas vezes sectárias, ora à nebulosa das seitas (dianética), e, às vezes, muito simples-

---

uma perspectiva dinâmica, isto é, fazendo intervir um tratamento psíquico ao longo do qual instaura-se uma relação transferencial entre o terapeuta e o doente (psicoterapia, psicanálise, psiquiatria, psicologia clínica). Quando a psiquiatria se pretende puramente biológica ou organicista – como é hoje o caso, com a preponderância de tratamentos farmacológicos – ela sai do domínio da psiquiatria dinâmica.

Surgida em 1896, a psicologia clínica é uma prática terapêutica popularizada na França por Pierre Janet (1859-1947) e por seus herdeiros. Derivando de uma abordagem psicodinâmica, ela baseia-se na entrevista direta e no exame do caso a partir da observação das condutas individuais. É ensinada na universidade – no âmbito dos estudos de psicologia – e seus praticantes são titulares de diplomas reconhecidos pelo Estado, do mesmo modo que os psiquiatras, formados na faculdade de medicina. Assim como os psicanalistas, os psicoterapeutas podem ser titulares de diplomas reconhecidos mas sua formação específica é realizada em associações privadas, reconhecidas ou não pelo Estado de acordo com os países. Cf. Henri F. Ellenberger, *Histoire de la découverte de l'inconscient* (1970), Paris, Fayard, 1994. A questão da psicologia clínica é tratada no cap.IV do presente volume, e a do reconhecimento da psicologia pelo Estado no cap.V. Cf. também os anexos.

mente, aos tratamentos estéticos, relaxantes e analgésicos (balneoterapia).

A lista (não exaustiva) das psicoterapias que podemos encontrar em diferentes trabalhos publicados por psiquiatras ou psicólogos não é mais satisfatória. Assim, num livro recente, hostil à psicanálise e orientado para as neurociências e o comportamentalismo, Jean Cottraux fornece uma lista não restritiva de duzentas e nove formas de psicoterapias. Mas a estas o autor acrescenta a acupuntura (medicina paralela trazida no século XVIII por jesuítas vindos da China), a meditação tibetana e a meditação transcendental (métodos de concentração de origem oriental), que, no que diz respeito às duas últimas, não são nem terapias nem medicinas, derivando antes do universo das seitas, a talassoterapia (tratamento relaxante ou antiartrítico) e finalmente a totalidade das grandes correntes psicanalíticas (*Ego Psychology*, culturalismo, kleinismo, freudismo, lacanismo), as quais não são absolutamente psicoterapias, mas escolas clínicas que reivindicam o sistema de pensamento freudiano e associadas, por sua história, à gênese e ao desenvolvimento da psiquiatria dinâmica.[2]

Mas o mais espantoso é que o mesmo autor chama de "psicanálise adleriana" a escola de psicologia individual fundada por Alfred Adler depois de seu rompimento com Freud em 1911, e de "psicanálise junguiana" a escola de psicologia analítica criada por Carl Gustav Jung depois de sua saída, em 1913, do movimento psicanalítico. Ora, na realidade e com toda a evidência, foi porque Adler e Jung romperam com o conjunto da conceitualidade psicanalítica que fizeram questão de inscrever

---

[2] Sobre a questão da classificação, remetemos aos anexos do presente volume.

suas escolas respectivamente na descendência da psiquiatria dinâmica e na herança das psicoterapias.[3]

Se consultarmos agora o relatório da Academia de Medicina,[4] redigido por Pierre Pichot e Jean-François Allilaire, perceberemos que as definições que estes fornecem das psicoterapias, de sua história e de seu modo de implantação na França e no mundo são das mais fantasiosas. Não apenas as correntes são agrupadas em cinco categorias – humanista, eclética, cognitivo-comportamentalista, sistêmica e psicanalítica –, as quais não correspondem a nenhuma realidade precisa em se tratando de um fenômeno mundial, como sua história é propriamente desfigurada. Assim, os nomes de Freud, Melanie Klein e Lacan nunca são mencionados, o de Carl Rogers está associado a uma escola que não é exatamente a sua, e, finalmente, o grande psicanalista e antropólogo norte-americano Gregory Bateson, fundador da escola de Palo Alto, é qualificado como "psicólogo", o que nunca foi.

Quanto à criação da psicoterapia institucional, é atribuída por Pichot e Allilaire a Philippe Pinel, ao passo que foi Georges Daumézon quem forjou esse termo em 1953 para designar uma terapêutica da loucura que pretendia reformar a instituição asilar, já adotada, durante a Ocupação, no hospital de Saint-Alban, sob o impulso de Lucien Bonnafé e François Tosquelles.[5]

---

[3] Cf. Jean Cottraux, *Les visiteurs du soi: à quoi servent les psys*, Odile Jacob, 2004. O leitor encontrará em anexo uma tentativa de classificação dessas escolas.

[4] Pierre Pichot e Jean-François Allilaire, "Sur la pratique de la psychothérapie", em nome de um grupo de trabalho, *Bulletin de l'Académie Nationale de Médecine*, 2003, nº187, 6, sessão de 1º de julho.

[5] Cf. Elisabeth Roudinesco, *Histoire de la psychanalyse em France*, t.II (1986), Paris, Fayard, 1994 [ed. bras.: *História da psicanálise na França*, t.II, Rio de Janeiro, Jorge Zahar, 1988].

"Ao longo do século XX, escrevem adiante os dois autores, a psicoterapia esteve diretamente ligada à eclosão da psicanálise, que em nosso país só penetrou realmente o espaço psiquiátrico a partir dos anos 1950, mas representou até aproximadamente os anos 1980 a base conceitual da maioria das psicoterapias." Quando se sabe que a psicoterapia se desenvolveu, em todas as partes do mundo, *paralelamente* à psicanálise, e que esta foi implantada na França *antes* da Primeira Guerra Mundial, e não em 1950, pergunta-se se Pichot e Allilaire estão de fato qualificados para avaliar a situação dessas disciplinas em nosso país. Será que esqueceram que a SPP foi criada em 1926 por uma maioria de psiquiatras? Sabem o que é uma psicoterapia? Duvidamos disso.

Se nos referirmos agora a Tobie Nathan,[6] constataremos que ele qualifica a psicanálise ao mesmo tempo como "falsa ciência", porque não seria "avaliável", e como ciência "ocidental", porque seria inoperante em três quartos das sociedades humanas. A essa doutrina muito pouco séria, oriunda de uma psique colonizadora, ele opõe as virtudes das "psicoterapias" ditas "tradicionais", que pretendem agir "não sobre a alma mas sobre *invisíveis*, não pela fala ou desencadeando emoções, mas por intermédio de rituais, de sacrifícios de animais, de confecções de amuletos, de preces ou extração de objetos da sorte etc.".[7]

---

[6] Psicólogo clínico, formado em psicanálise pela SPP, próximo de Serge Lebovici (1915-2000) e antigo aluno de Georges Devereux (1908-85), Tobie Nathan é professor de psicologia na Universidade de Paris-VIII, encontrando-se atualmente em missão pela francofonia em Bujumbura, no Burundi. Em 1979, abriu no hospital Avicenne de Bobigny um consultório de etnopsiquiatria, e, em 1993, fundou o Centro Georges-Devereux, onde encontram-se psicoterapeutas de um novo tipo.
[7] Pierre Pichot e Tobie Nathan, *Quel avenir pour la psychiatrie et la psychothérapie?*, Le Plessis Robinson, Synthélabo, col. Les Empêcheurs de Penser en Rond, 1998, p.40.

Examinadas de perto, essas "psicoterapias" mostram-se antes tratamentos xamânicos que psicoterapias. Mas pouco importa. No âmbito de sua prática de consultas e de seu ensino, Tobie Nathan propõe a certos alunos que se iniciem nessas terapêuticas. Dessa maneira, julga ele, poderão tratar dos pacientes provenientes da imigração africana, alheios a qualquer referência a uma psique qualquer, necessariamente "colonialista": "No momento em que é possível em cada grande metrópole conciliar terapias acadêmicas, terapias culturais e terapias religiosas, em que os pacientes constituem-se em coletivos e vêm interrogar seus terapeutas, pedir-lhes satisfações sobre as curas que prometem, a única atitude possível nos parece ser a de acompanhar os usuários em suas investigações."[8]

Em nome da verdadeira ciência, os "usuários" em questão não são vistos como sujeitos – procedimento excessivamente "ocidental" –, mas como objetos de experimentação. Diante de uma quinzena de co-terapeutas formados nos métodos ditos "tradicionais", eles são convidados a contar seus sonhos. Em função da interpretação que lhes é dada, são em seguida "orientados" num protocolo de autoterapia: "Uma jovem psicótica, de origem cabila, escreve Zerdalia Dahoun num artigo crítico, foi solicitada a trazer para a consulta um ovo tirado da geladeira e que teria passado a noite ao luar. Em seguida, pediu-lhe que trouxesse outros objetos. Essa prática é utilizada pelos curandeiros dos Cabila, porém, no âmbito de uma consulta num centro de tratamento, ela constitui um problema. Precisamos realmente de toda essa manipulação para suscitar o

---

[8] Tobie Nathan, "Um discours dérangeant sur la guérison", *Le Monde*, 5 fev 2000.

recurso aos sonhos ou para produzir fenômenos dinâmicos num tratamento?"[9]

Assim, no circuito mais leigo da universidade republicana são formados psicólogos diplomados que têm como características serem eremitas e prestidigitadores, como alguns de seus pacientes, convictos de que formas demoníacas e invisíveis governam o mundo. Mas o mais espantoso é que os mesmos psicólogos do centro Georges-Devereux foram designados pelo Ministério dos Assuntos Sociais, em 1998, para criar um departamento de psicologia em que a psicanálise é achincalhada como uma falsa ciência.

Se, finalmente, consultarmos o livro de Alain Vivien sobre as seitas, perceberemos que esse grande especialista francês da questão sectária repete, por sua vez, as conclusões de uma pesquisa parlamentar de 1995 que classificava os movimentos psicanalíticos na mesma lista das seitas mais criminosas do planeta: movimentos satânicos e apocalípticos, grupos neopagãos, ocultistas, orientalistas, evangélicos e curandeiros.[10] Será que isso é sério? Antes de classificar a disciplina freudiana em tal lista – quando ela não inclui em suas fileiras *nenhuma* seita, digo efetivamente *nenhuma* e voltarei a isso, mesmo quando suas associações têm às vezes uma conduta "sectária" –, não seria mais criterioso refletir na maneira como as seitas – as verdadeiras – se apoderaram do vocabulário e dos métodos da psicanálise para dedicar a esta, como à medicina, às ciências, à democracia e ao Iluminismo, o mais feroz dos combates?

---

[9] Zerdalia Dahoun, "Les us et les abus de l'ethnopsychiatrie", *Les Temps Modernes*, jul-ago 1992.
[10] Cf. Alain Vivien, *Les Sectes*, Paris, Odile Jacob, 2003.

Para compreender de fato o que são as psicoterapias atualmente, é preferível explicitar suas estruturas organizacionais em vez de tentar uma classificação inoperante. Mais de setecentas escolas de psicoterapia floresceram no mundo a partir de 1950, sobretudo nos Estados Unidos, país profundamente religioso e comunitarista, para responder à incrível demanda de cuidados psíquicos emanada da sociedade, das classes médias adeptas do "culto de si".[11]

Assim como as medicinas tradicionais da alma e como o xamanismo, todas as psicoterapias repousam no princípio segundo o qual o processo de cura está ligado à *influência* que o terapeuta pode ter sobre o paciente e sobre a crença deste no poder terapêutico do encarregado de curar. Daí sempre terem mantido uma relação ambígua com o pensamento mágico, de um lado, que permite ao paciente e ao terapeuta acreditarem na eficácia de um tratamento fundado no poder da ilusão, e, de outro, com o pensamento racional, que permite ao paciente autenticar a "eficácia" real de um tratamento impossível de avaliar cientificamente. Além disso, e diferentemente das teorias científicas do psiquismo – em especial, a psicanálise – as psicoterapias são culturalistas, relativistas ou étnicas. Elas tomam por objeto a especificidade não da psique em geral, mas deste ou daquele psiquismo definido segundo sua diferença com outro psiquismo. Daí a sua fantástica diversidade: cada uma delas é concebida para se adaptar a um caso particular, a um grupo definido, a um contexto, a uma etnia, a um povo, a uma categoria, a um momento histórico etc.

---

[11] O leitor encontrará em anexo ao presente volume uma lista (não exaustiva) das psicoterapias, seitas e medicinas paralelas.

Historicamente, a psicoterapia teve sua origem no tratamento magnético criado no final do século XVII por Franz Anton Mesmer, que atribuía o distúrbio psíquico à existência de um "fluido magnético". Em 1784, o marquês Armand de Puységur demonstrou pela primeira vez a natureza psicológica e "não fluídica" da relação terapêutica, substituindo o tratamento magnético por um estado de sono vígil – ou sonambulismo – que o médico escocês James Braid denominará "hipnose" em 1843. Bernheim substituirá em seguida o método hipnótico pelo da sugestão, abrindo assim caminho para a idéia de uma terapia fundada numa pura relação transferencial.

Em 1949, Lévi-Strauss incluía a psicanálise entre as grandes técnicas de sugestão, comparando-a ao método de cura xamânico, isto é, uma psicoterapia "mágica". Em um dos casos, apontava ele em suma, o feiticeiro fala e provoca a ab-reação, isto é, a liberação dos afetos do doente, ao passo que, no outro, esse papel é atribuído ao médico que escuta no interior de uma relação em que o doente toma a palavra. Para além dessa comparação, Lévi-Strauss mostrava que nas sociedades ocidentais a "mitologia psicanalítica" servira de sistema de interpretação coletiva: "Vemos surgir então um perigo considerável: que o tratamento, longe de chegar à resolução de um distúrbio preciso, sempre respeitosa ao contexto, reduza-se à reorganização do universo do paciente em função das interpretações psicanalíticas."[12]

---

[12] Claude Lévi-Strauss, "Le sorcier et sa magie", in *Anthropologie structurale*, Paris, Plon, 1958, p.202 [ed. bras.: *Antropologia estrutural*, Rio de Janeiro, Tempo Brasileiro, 1996, 2 vols.].

Se a cura advém pela adesão de uma coletividade a um mito fundador, este agindo como um sistema de reorganização estrutural, isso significa que esse sistema está dominado por uma "eficácia simbólica". Daí a idéia sugerida por Lévi-Strauss em 1950, na "Introdução à obra de Marcel Mauss", segundo a qual o que se denomina inconsciente não passaria de um lugar vazio onde se consumaria a autonomia de uma função simbólica: "Os símbolos são mais reais do que o que simbolizam, o significante precede e determina o significado."[13]

Poder-se-ia objetar a Lévi-Strauss que se a "mitologia psicanalítica" só se implantou nas partes do mundo onde vigora um Estado de direito – à exceção de todas as outras –, o que significa que a psicanálise não é nem uma mitologia nem uma psicoterapia, mas efetivamente uma disciplina racional que deixa subsistir em seu seio vestígios de xamanismo e de pensamento mágico, sem com isso ser deles tributária.

Pois, ao abandonar o hipnotismo, a sugestão e a catarse e, em seguida, denominar "transferência" a relação entre terapeuta e paciente, Freud inventou o único método moderno de psicoterapia fundamentado na exploração do inconsciente e da sexualidade, considerados como os dois universais da subjetividade humana. Apoiada, por um lado, em uma clínica da escuta – herdada da clínica da observação própria da medicina científica – e, por outro, em um sistema de pensamento oriundo da tradição grega e alemã da filosofia, a psicanálise deixou de ser uma psicoterapia no sentido estrito. Ela dissolveu, sem os abolir, os dois grandes princípios de crença e de sugestão que

---

[13] Claude Lévi-Strauss, "Introduction à l'œuvre de Marcel Mauss", in Marcel Mauss, *Sociologie et anthropologie*, Paris, PUF, 1950, p.xxxii.

estão no cerne do dispositivo de cura próprio da psicoterapia. Sob esse aspecto, como ramo da psiquiatria dinâmica, ela está mais próxima da psicologia clínica e da medicina (psiquiatria) que da psicoterapia.

Desde o seu nascimento, a psicanálise viu-se então em conflito, em todos os países do mundo, com as outras formas de psicoterapia, seja porque as alimentou para depois rejeitá-las como do âmbito do charlatanismo, seja porque estava amalgamada a elas por regulamentações estatais,[14] seja porque lhes opôs forte resistência, provocando cisões ou dissidências.

Em qualquer alternativa, todas as escolas de psicoterapia do século XX têm como característica comum vincular-se à raiz originária do magnetismo, do hipnotismo e da sugestão. Elas são organizadas identicamente, isto é, representadas por um líder que serve de terapeuta e de guru tanto para o seu grupo como para seus pacientes. Todas criadas por homens ou mulheres com doutrina própria e que posam como fundadores de um sistema de pensamento, não raro elas desaparecem depois da morte deles – ora para ceder lugar a outras escolas organizadas sobre o mesmo modelo, ora para reinscrever o pensamento do mestre em uma herança cismática.

Por conseguinte, quanto mais essas escolas se apóiam nos grandes sistemas de pensamento da psiquiatria dinâmica (Freud, Jung, Adler, Janet etc.), menos se arriscam a derivar para a personalização carismática e recorrente do líder. Ao contrário, quanto mais deles se afastam, mais se aproximam da organização sectária. E como as seitas têm em comum com as escolas de psicoterapias o fato de serem lugares de transmissão

---

[14] Esta questão será tratada no cap. V.

das "curas milagrosas", não nos espanta que se apóiem nos dois pólos, da sugestão e da crença, que caracterizam ao mesmo tempo as medicinas paralelas e as terapias psíquicas.

Em resumo: no grande impulso contemporâneo da ilusão terapêutica, as seitas podem se apropriar das práticas das psicoterapias e dos conceitos da psicanálise; as escolas de psicoterapia podem se apoiar na disciplina-rainha que é a psicanálise ou, ao contrário, transformar-se em seitas; e as medicinas paralelas podem se tornar um meio para as seitas comercializarem substâncias inativas.

Compreende-se então por que as escolas de psicoterapia – como, aliás, as associações de psicanálise – fizeram questão, desde que existem, de instaurar comitês de ética, de definir códigos de deontologia e regras relativas aos direitos dos pacientes e à responsabilidade dos profissionais, em suma, todo um arsenal de controles, perícias, avaliações, autoregulação, destinado a banir os "charlatães" de suas organizações. Ao fazê-lo, não resta dúvida de que atualizaram de forma bem mais burocrática os enunciados do juramento de Hipócrates.[15]

Quem são os charlatães assim designados para a vingança e de que abusos se tornam culpados? A resposta é simples: os abusos, no domínio da psicoterapia, em se tratando dos Estados Unidos, são primordialmente sexuais. Mas o que é um abuso sexual?

---

[15] O juramento de Hipócrates encontra-se publicado em anexo ao presente volume. À exceção do tópico 4, é aplicável a todos os terapeutas, seja qual for sua família de origem, e encerra uma ética muito mais sólida que todos os códigos de deontologia modernos encarregados de regular as relações entre o paciente e o terapeuta.

Em um livro americano bombástico, publicado em 1972, Phyllis Chesler relata diversas histórias de mulheres vítimas de abusos flagrantes por parte de psicoterapeutas.

Proveniente de uma família de alcoólicos, onde reina a violência e multiplicam-se as brigas, Stéphanie começa uma terapia depois de um período depressivo – em um momento em que passa a maior parte de seu tempo dormindo e comendo. O terapeuta a recebe durante dez minutos, pesa-a e lhe prescreve antidepressivos e testes de gordura. Ao final da sessão, beija-a descaradamente, o que não a impede de voltar para a continuação do tratamento. Quando ela se queixa, ele lhe responde que o desejo vem dela e que, em seu inconsciente, estão embutidas poderosas pulsões sexuais. Depois de três meses de assédio, Stéphanie é convidada por seu terapeuta a se deitar no divã e a ceder a uma tentação carnal. Ao aceitar, ela espera ser tratada agora com mais gentileza. Porém, logo depois de consumado o ato sexual, o terapeuta se levanta e põe-se a bater à máquina freneticamente. Na seqüência, ele lhe entregará manuscritos para datilografar, dando-lhe mostras de que não a deseja mais. Pouco mais tarde ela engole um punhado de soníferos. Certo dia em que ela está nua em companhia de seu terapeuta no consultório, uma outra paciente toca a campainha da porta durante vinte minutos. Stéphanie a observa então pela janela e diz consigo, ao ver aquela fisionomia desolada: "Serei eu dentro de um ano." Foi então que pôs um fim definitivo ao seu "tratamento".[16]

Nesse caso, o perpetrador dos abusos é perfeitamente diplomado. Psiquiatra de formação, pratica "tratamentos" que

---

[16] Phyllis Chesler, *Les femmes et la folie* (1972), Paris, Payot, 1979.

são da alçada ao mesmo tempo da psicanálise e da psicoterapia, mas que se assemelham muito às práticas de um guru pertencente a uma seita. E sabemos muito bem que nenhum código de deontologia jamais conseguirá nada contra esse tipo de comportamento, a paciente devendo registrar queixa. Mas se ela o fizer, também terá que apresentar provas de que os atos sexuais em questão não foram "consentidos". E como provar que eles ocorreram? Outro problema: pode-se qualificar de abusos sexuais todas as relações íntimas entre pacientes e terapeutas? A história da psicanálise, e mais ainda a das psicoterapias, que repousam sobre fenômenos de sugestão, mostram que existe todo tipo de situações no tratamento e que a transgressão dos princípios nem sempre resulta do abuso no sentido estrito.

Assim, antes que a IPA editasse regras bem precisas a partir de 1920, diversos psicanalistas tratavam membros de sua própria família, casavam-se com antigas pacientes ou antigos pacientes que também tinham se tornado terapeutas, ou apaixonavam-se, durante a análise, tendo se mostrado incapazes de resistir às demandas de um ou uma paciente. As regras permitiram definir como "transgressivas" práticas que ainda não o eram antes da existência da regra, e como "abusivas" as derivas perversas. Mas compreende-se facilmente que, embora a regra seja necessária ao bom funcionamento de uma instituição e à proteção dos pacientes, o excesso de regulamentação, de puritanismo ou de perícia técnica abole a liberdade necessária à eficácia de um tratamento, pressupondo o risco inerente a toda relação humana. O remédio para o mal é então pior que o mal a ser erradicado.

Em seguida à publicação do livro de Phyllis Chesler, e, no contexto de judiciarização puritana dos comportamentos individuais tal como se desenvolvia na época nos Estados Unidos, a American Psychiatric Association adotou, com base no juramento de Hipócrates, um novo código de deontologia, mais severo que os precedentes, que definia como delituoso, até mesmo criminoso, qualquer contato sexual entre um terapeuta e um paciente em terapia. Todas as grandes associações a imitaram: a American Psychological Association em 1977, a American Association of Sex Educators, Counselors and Therapists em 1979, a National Association of Social Workers em 1980, e, finalmente, a American Psychoanalytic Association[17] em 1983.

Em suma, todas essas sociedades rivalizaram em engenhosidade para elaborar regulamentos e modos de controle que fracassaram em reduzir o número de abusos reais.[18]

Em todo caso, o abuso verificado torna-se o único critério de delito em matéria de relações "transgressivas" entre pacientes e terapeutas, mas foi aplicado ao conjunto das psicoterapias, as quais foram então vistas como práticas suspeitas, sectárias, desviantes, perigosas, criminosas ou satânicas. Pior ainda, as campanhas orquestradas pelos paladinos da medicalização do psiquismo tiveram como efeito desencadear uma onda de cren-

---

[17] Associação regional filiada à IPA e que agrupa um conjunto de sociedades psicanalíticas norte-americanas.

[18] Num livro apaixonante, a socióloga norte-americana Susan Baur mostra que, considerando-se mais de um milhão de profissionais, os índices dos abusos variam entre 3% e 12%, sejam quais forem os códigos de deontologia adotados. Cf. Susan Baur, *Relations intimes: quand patients et thérapeutes passent à l'acte* (1977), Paris, Payot, 1997. É a William Masters e a Virginia Johnson que devemos o primeiro estudo sobre esse assunto, publicado em 1970. Quanto à França, em relação exclusivamente ao campo psicanalítico, podemos avaliar em cerca de 3% o índice dos abusos e das transgressões.

ça nos abusos no seio de uma população cada vez mais fragilizada por um sofrimento originado da própria sociedade. Assim é que, a partir dos anos 1990, milhares de pacientes julgaram-se vítimas de abusos comprovados da parte de terapeutas que eles rejeitavam por razões diversas – e que denunciaram como charlatães.[19] Como conseqüência, as queixas se multiplicaram.

Sabemos muito bem que, quanto mais uma sociedade busca se auto-imunizar contra as agressões vindas do exterior, mais ela destrói os mecanismos de defesa que lhe permitem resistir a elas.[20] E, mais que trabalhar para sua perda, julgando pôr-se ao abrigo de todos os perigos, não é preferível buscar a possibilidade de uma cura por outros caminhos? "Criamos uma técnica muito sofisticada para aliviar o sofrimento dos homens, dizia no fim de sua vida um reputado psicanalista, a da tentativa e do erro. O chato é que agora, para cada erro, é instituída uma nova regra."[21]

Quando começou a ser implantada nos Estados Unidos, no início do século XX, a psicanálise foi a princípio apoiada pelos movimentos místicos que buscavam curar a "nervosidade" ou o "nervosismo" das mulheres por tratamentos do espírito. E foi em reação a essa situação, que a colocava sob risco de charlatanismo, que os primeiros freudianos norte-americanos, liderados por Ernest Jones e Arden Abraham Brill, decidiram,

---

[19] A esse respeito, remetemos o leitor ao cap.V do presente volume.
[20] "Um processo auto-imunitário, é, como se sabe, esse estranho comportamento do vivo que, de forma quase suicida, empenha-se em destruir 'ele mesmo' suas próprias proteções, em se imunizar contra sua própria 'imunidade'." Cf. Jacques Derrida e Jürgen Habermas, *Filosofia em tempo de terror*, Rio de Janeiro, Jorge Zahar, 2004, diálogo em Nova York (out-dez 2001).
[21] Citado por Susan Baur, *Relations intimes*, op.cit., p.201.

contra a opinião de Freud, restringir a prática da psicanálise aos médicos. Foi assim que esta se tornou, segundo as célebres palavras de seu fundador, "a empregada faz-tudo da psiquiatria". As psicoterapias, por sua vez, desenvolveram-se ora fora da esfera médica, ao se misturarem aos antigos movimentos místicos ou puritanos, ora no terreno da psicologia, ora no próprio seio da psiquiatria. Daí uma tremenda confusão.

Na França, país freudiano por excelência, a psicanálise sempre foi vista como uma disciplina-rainha implantada tanto pela via psiquiátrica como pelas da literatura e da filosofia. Por conseguinte, nunca teve o mesmo status político e ideológico como em solo norte-americano. Não foi nem "adaptativa" nem "higienista", mas antes orientada para a idéia de que devia garantir ao paciente, não a saúde, mas o livre exercício de seu desejo. Na França, a psicanálise carrega consigo os princípios de 1789: antes a rebelião soberana que a auto-imunização, antes o espírito crítico que a submissão ao biopoder.

No entanto, em vez de renovar a grande mensagem freudiana, seus adeptos, independentemente das escolas de pensamento a que pertencem, não cessaram, de vinte anos para cá, de ostentar um violento desprezo pelos psicoterapeutas, considerados no melhor dos casos como curandeiros, no pior como gurus de seitas: "... *lobbies* miseráveis que pretendem fazer o Estado reconhecer uma disciplina completamente inexistente, assim escreve Jacques-Alain Miller, uma disciplina de ficção como um Borges poderia ter criado em sua *História da infâmia*: isso se chama psicoterapia ... Faço uma massagem nos seus pés, mando você gritar bem alto, correr nuzinho pela praia, ensino você a colocar seu passarinho na gaiola, a abrir sua caixa de surpresas para receber o bastão do marionete, eu te mimo, te relaxo, digo que você é a fênix, a mais bela para dançar ... Pronto: psicoterapizei você, sou psicoterapeuta."[22]

Dois anos mais tarde, quando Miller modificou seu julgamento e se aliou, contra os psicanalistas "entregadores de anuários", aos psicoterapeutas antes ridicularizados, foi a vez de Charles Melman, principal organizador lacaniano (com seus homólogos ortodoxos da SPP) da elaboração das "listas" dos psicoterapeutas, se irritar com as ações do *lobbying* desses últimos e denunciá-los por terem instalado formações lucrativas, destinadas a fazer da psicanálise "um departamento do seu principado", ao lado de controles sectários: "Podemos homenagear o doutor Accoyer e o professor Mattei, escreve ele, por respeitar suficientemente a singularidade da psicanálise para tê-la afastado do campo da regulamentação."[23]

Sob a mesma perspectiva, Colette Soler, ex-membro da École de la Cause Freudienne (ECF) de Jacques-Alain Miller, detona este último e as psicoterapias: "O que há de semelhante, escreve, entre a resposta cognitivo-comportamentalista, a da análise transacional, a da empatia, da terapia do *rebirth*, da bioenergia, da psicoterapia tibetana, das terapias Nova Era e da disciplina freudiana do afloramento do inconsciente?"[24]

Não há, com efeito, aparentemente nada de comum entre essas técnicas e a disciplina-rainha. Mas o que há de comum, poder-se-ia retorquir, entre a análise transacional, criada por um dissidente do movimento psicanalítico, e as terapias cogni-

---

[22] Jacques-Alain Miller e 84 amigos, *Qui sont vos psychanalystes?*, Paris, Seuil, 2002, p.8-9.
[23] Charles Melman, "Une hystérie collective", *Le Figaro*, 10 jan 2004.
[24] Colette Soler, site www.oedipe.org, 3 fev 2004.

tivo-comportamentais (TCC)[25] praticadas por psiquiatras? O que há de comum entre estas e os procedimentos sectários dos herdeiros contemporâneos da Nova Era? Ao se pretender distinguir do inimigo imaginário para melhor preservar seu reinado, corre-se grande risco, quando não se sabe do que se está falando, de inscrever numa mesma "lista" práticas que não têm relação alguma entre si a não ser fazer parte daquela "lista". Não haveria então o risco de se ver a si mesmo, um dia, incluído na lista dos banidos?

Encontramos a mesma confusão entre seitas, psicoterapias, novas terapias e terapias mágicas ou ocultas no comunicado oficial da associação Espace Analytique distribuído em janeiro de 2004: "Como o colégio dos psicoterapeutas será organizado, considerando-se a multiplicidade das obediências (análise transacional, psicoterapias, comportamentais, *rebirth*, bioenergia, amorologia, psicoterapia tibetana), as duas federações mais engajadas reunindo apenas um terço dos praticantes? Serão incluídos o *rolfing*, as terapias do túnel, o *channeling*, a cientologia? Seremos criticados por proteger nossas biroscas ao nos recusarmos a gerir a prateleira de psicanálise do grande shopping das psicoterapias?"[26]

Se os psicanalistas desprezam tão soberanamente as psicoterapias, naturalmente é porque se lhes assemelham e que, em muitos casos, eles mesmos praticam psicoterapias pela fala, que chamam às vezes, por sinal, de "psicoterapias psicanalíticas", ou ainda recorrem às técnicas do psicodrama, da terapia familiar etc. Mas se eles as detestam, é antes de tudo porque foram eles

---

[25] A questão das TCC é abordada no cap.IV do presente volume.
[26] Comunicado do Espace Analytique, site www.oedipe.org, 24 jan 2004.

próprios incapazes de responder de forma coerente à explosão da demanda de higienismo psíquico que invadiu a sociedade francesa, refugiando-se em si mesmos para defenderem seu território.

Assim, preferem ver os psicoterapeutas – seus semelhantes, seus irmãos, seus dissidentes – como responsáveis por sua própria degradação, em lugar de refletirem no que são realmente as psicoterapias. E ao mesmo tempo os psicoterapeutas, humilhados há décadas pelos psicanalistas, quando estes, por sua vez, atraíram os favores das classes médias, não hesitam em se entregar às mesmas zombarias, acusando estes últimos de serem psicoterapeutas disfarçados: "Curiosamente, na França, escreve Serge Ginger, a mídia permanece obnubilada pela psicanálise e reduz de bom grado a psicoterapia à psicanálise – simbolizada pelo 'divã'. Entretanto, as diversas organizações de psicanalistas acham que não fazem psicoterapia (a cura advém 'por acréscimo') e, além disso, muitos talvez fiquem surpresos ao saberem que apenas 12% das pessoas que declaram ter realizado uma psicoterapia trabalharam no divã (a razão de diversas sessões por semana), ao passo que 18% de outras dizem ter realizado uma 'psicoterapia de inspiração psicanalítica.'"[27]

Nos Estados Unidos, a noção de abuso, aplicada às psicoterapias, sempre teve uma conotação sexual. Na França, ao contrário, é antes à influência sectária que o termo remete quando utilizado para designar as "derivas" das psicoterapias. No cerne de uma tradição leiga e jacobina, aquele que comete o abuso, mesmo que faça uso de seu sexo, é portanto, antes de tudo,

---

[27] Serge Ginger, *La psychothérapie au XXIe siècle*, editado pela FFdP, 2003, p.97.

aquele que instaura seu controle sobre a consciência de um outro, reduzindo assim sua liberdade a uma servidão. Em conseqüência disso, a luta travada pelos psicoterapeutas franceses para incluir no índex seus charlatães inscreveu-se, desde 1980, no vasto combate assumido pelo Estado contra as influências sectárias.

A tentativa dos psicoterapeutas de obter um status legal na França conheceu diversas etapas. Houve em primeiro lugar, em 1966, a criação de um Groupement Syndical de la Psychologie, de la Psychothérapie et de la Psychanalyse (PsyG). Essa iniciativa foi seguida, em 1981, pela criação de um Syndicat National des Practiciens en Psychothérapie (SNPPsy), e, quatorze anos mais tarde, sob o impulso de Philippe Grauer, Michel Meignant e Serge Ginger,[28] pela criação da poderosa Fédération Française de Psychothérapie (FFdP), filiada à European Association of Psychotherapy (EAP).

Tal como os psicanalistas, os psicoterapeutas brigaram violentamente entre si acusando-se reciprocamente de abusos ou derivas. Em 1998, uma cisão produziu-se no seio da FFdP, dando origem à Association Fédérative Française des Organismes de Psychothérapie (AFFOP).[29] Todas essas associações

---

[28] Michel Meignant é médico e sexólogo. Analisado inicialmente por um psicoterapeuta de obediência junguiana, depois por um psicanalista freudiano, abandonou a sexologia, julgada técnica demais e excessivamente medicamentosa (Viagra e injeções no pênis) para criar uma escola dita de "amorologia", que se encarrega dos problemas "daqueles incapazes de amar". Em 1980, foi perseguido pelo uso comercial da medicina, depois por cumplicidade no exercício ilegal da medicina por ter protegido terapeutas não diplomados. Serge Ginger é psicólogo clínico, analisado por um psicanalista da SPP e fundador da École Parisienne de Gestaltthérapie.

[29] Ela é presidida atualmente por Jean-Michel Fourcade, psicólogo clínico, especialista em bioenergia reichiana "trabalhada na piscina", e tem como vice-presidente Philippe Grauer. Lecionando ciências da educação na Universidade de Paris-VIII, psicanalista

agrupam cerca de setenta institutos de formação, que podem ser classificados em meia centena de correntes, entre as quais a terapia familiar "sistêmica", a gestalt-terapia, a análise transacional, a abordagem centrada na pessoa, o psicodrama, a hipnoterapia, a análise psicoorgânica, a psicossíntese, a Sophia-análise, o *rebirth*, a EmetAnálise,[30] a arteterapia, a psicogenealogia, a programação neurolingüística, e, finalmente, todas as técnicas psicocorporais. Observemos que a psicanálise é vista pelos psicoterapeutas, freqüentemente eles próprios psicanalistas ou analisados, como uma psicoterapia entre outras.

Quatro mil e trezentos terapeutas fazem parte dessas associações auto-regulamentadas e inscritas em um anuário comum que agrupa no total quase sete mil membros,[31] o que permite identificá-los e obrigá-los a se submeter a regras precisas em matéria de deontologia. Além disso, diversos terapeutas não estão inscritos em lugar algum, circulando entre diferentes grupos.[32] Foi para acuar esses sete mil terapeutas inscritos, e to-

---

e psicoterapeuta, analisado por Alain Didier-Weill, supervisionado por Michel Guibal e Patrick Guyomard, Philippe Grauer fundou o Centre Interdisciplinaire de Formation à la Psychothérapie (CIFP). Redigiu excelentes artigos sobre a história das novas terapias.

[30] Escola dita de orientação pós-lacaniana, fundada por Bruno e Myriam Dal-Palu: "O radical hebreu *emet* (verdade) significa paradoxalmente que, para qualquer pessoa, não há verdade senão do sujeito ... Além disso, o afixo Análise significa sua vinculação analítica, que vai da psicanálise à análise transacional, passando pela análise sistêmica." Psicanalista, formado na ECF, Bruno Dal-Palu é secretário-geral da AFFOP.

[31] *Registre des Psychothérapeutes Professionnels* – AFFOP, a ser publicado; *Annuaires des Psychothérapeutes du SNPPsy*, 2003; *Annuaires 2003 et 2004 des Psychothérapeutes et des Practiciens de la Relation d'Aide*, Lyon, Éditions Réeles, 2003-4. Entre esses psicoterapeutas listados, encontram-se cerca de 500 médicos (psiquiatras ou clínicos) e mil psicólogos clínicos. Os outros são, originalmente, educadores, professores, trabalhadores sociais, fonoaudiólogos, enfermeiros, kinesiterapeutas.

[32] É muito difícil fazer uma estimativa correta. Vários números foram apresentados – até 30.000. E eu própria estava enganada em minha estimativa antes de ter pesquisa-

dos os "não-inscritos", que se abriu, há alguns anos, a grande caça aos charlatães e às seitas, liderada conjuntamente por psiquiatras, psicólogos, psicanalistas e o Estado.

Como classificar corretamente essas escolas de psicoterapia sem cair no simplismo ou na acusação sistemática de deriva, de abusos sexuais ou de controle sectário? A coisa não é fácil. Pode-se no entanto consegui-lo agrupando-as estruturalmente em três categorias e, historicamente, em três gerações sucessivas.

A primeira – a mais antiga – é a das práticas oriundas da hipnose e da sugestão.[33] A segunda, surgida a partir dos anos 1930, provém das diversas correntes dissidentes da psicanálise implantadas nas grandes clínicas norte-americanas voltadas para o tratamento das psicoses ou das patologias ditas "culturais".[34] Quanto à terceira, teve sua origem nas demandas de hi-

---

do. Na realidade, segundo Armand Touati, que efetuou um levantamento sério em *Cultures en Mouvement* (nº65, mar 2004), esses terapeutas não inscritos representariam um número bem pequeno: não mais de 500. Mas todas as partes concernidas tendem a engrossar o número: alguns psicoterapeutas, porque querem impressionar seus adversários, e o Ministério da Saúde, para convencer a opinião pública da oportunidade de sua política de normalização das consciências. Assim Bernard Accoyer se diz convencido, como declarou por diversas vezes, de que centenas de salsicheiros, açougueiros ou comerciantes franceses se autoproclamam psicoterapeutas, afixando tabuletas profissionais na entrada de seus prédios. Ele parece igualmente persuadido, como muitos psicanalistas, de que as escolas de psicoterapia estão "infiltradas" pelas seitas. Philippe Grauer, que também fez um levantamento, perguntou ao consultor de Jean-François Mattei, Alain Corvez, de onde tinham saído esses números. Não obteve resposta.

[33] Hipnoterapia clássica, *training* autógeno, método criado por Johannes Schultz (1884-1970), ou ainda hipnose dita "ericksoniana", do nome de seu inventor, o psiquiatra Milton Erickson (1901-80). Esta consiste em tratar os distúrbios da personalidade através do sono paradoxal. É praticada na França em particular pelo psicanalista François Roustang.

[34] Como, por exemplo, a Menninger Clinic de Topeka, no Texas, fundada por Karl Menninger, e que foi lugar de passagem obrigatório de todos os terapeutas expulsos

giene psíquica dos anos 1960, concretizando-se também com a criação de novas terapias vindas do outro lado do Atlântico, singularmente da costa oeste: terapia familiar, transacional, gestalt-terapia, psicodrama, psicossíntese,[35] bioenergia etc.[36] Ao que se acrescenta uma nova forma de psicoterapia contemporânea, a psicoterapia cognitivo-comportamental, que nada tem a ver com as precedentes e que procura deter, ao contrário delas, um fundamento científico.[37]

É na terceira categoria que podemos incluir as terapias corporais, bem como certas terapias mágicas, esoteristas ou ocultistas. Nascidas na costa californiana, elas pertencem à grande nebulosa da Nova Era, verdadeiro filtro de uma rebelião libertária que desembocará em práticas diversas: medicinas paralelas, grupos associativos místicos (budistas, hinduístas, karmistas, parapsicológicos).

Na realidade, como já assinalado, a psicoterapia, em seu princípio mesmo, tem interesses comuns com o âmbito religioso: "Vai-se ao psicoterapeuta, escreve Max Pagès, como se ia antigamente à missa, mais remotamente ao feiticeiro da aldeia, e

---

da Europa pelo nazismo. Cf. Georges Devereux, *Psychothérapie d'un Indien des plaines* (1950), Paris, Fayard, 1998.

[35] Todas essas psicoterapias foram listadas em Elisabeth Roudinesco e Michel Plon, *Dictionnaire de la psychanalyse*, Paris, Fayard, 1997 [ed. bras.: *Dicionário de psicanálise*, Rio de Janeiro, Jorge Zahar, 1998]. Cf. também Corinne Morel, *ABC des psychothérapies: de la thérapie au développement personnel*, Paris, Grancher, 1997. Criada por Eric Berne (1910-70), a análise transacional, próxima da terapia familiar, consiste em estabelecer uma "transação" entre os membros de um grupo ou de uma mesma família. Criada pelo psicanalista e psiquiatra italiano Roberto Assagioli (1888-1974), a psicossíntese aparenta-se à bioenergia.

[36] *Les nouvelles thérapies*, dossiê compilado por Philippe Grauer, La Documentation Française, n°390, 6 jun 1980.

[37] A esse respeito, remetemos o leitor ao cap.IV do presente volume.

esperam-se e obtêm-se os mesmos efeitos: um alívio temporário das angústias e misérias cotidianas e a identificação com líderes carismáticos."[38]

Em virtude de colocarem em jogo o corpo, e não apenas a fala, e de preconizarem uma possível libertação imediata do sexo e da angústia, evitando ao sujeito uma exploração em profundidade de seu inconsciente, as novas terapias passaram a ser vistas no Ocidente, a partir de 1980, como muito mais "libertadoras" que a psicanálise. Que a "liberdade" que elas outorguem seja de natureza imaginária nada muda no fato de que são cada vez mais cobiçadas no seio de uma sociedade civil em que a demanda de gozo imediato responde tanto ao princípio de uma economia liberal quanto ao desencantamento sentido diante dos efeitos da racionalidade. Do mesmo modo elas se desenvolveram no solo de uma reação libertária, sobretudo depois de 1968, como uma alternativa à psicanálise, julgada autoritária e sempre suspeita de buscar culpar o desejo humano.

Diante dessa pluralidade, os próprios psicoterapeutas fizeram questão de definir um "procedimento integrativo" ou "multirreferencial" que integraria ao mesmo tempo a visada psicanalítica e numerosos aspectos da técnica psicoterapêutica a fim de tratar cada paciente de acordo com sua patologia.[39]

Por definição, as terapias "mágicas" ou "delirantes" são incontroláveis e impossíveis de avaliar.[40] E é precisamente por se

---

[38] Max Pagès, "Une nouvelle religion: la psychothérapie", *Le Monde*, 30 set 1979.
[39] Cf. Edmond Marc, "Pluralité et complémentarité des psychothérapies", *Psychologie Clinique*, nº9, primavera 2000, número especial dedicado às psicoterapias, sob a direção de Jacqueline Carroy.
[40] O caso de Maud Pison é típico. Paciente analisada em divã freudiano, tornou-se adepta de uma terapia delirante, depois guru de um grupo místico que parece to-

desenvolverem nas redes associativas das sociedades democráticas que as escolas de psicoterapia são incessantemente suspeitas de as abrigar, proteger, cobrir.

"Depois de uma mudança de domicílio, e de uma morte que lhe causou um trauma, minha companheira decidiu visitar um psicoterapeuta magnetizador. Ao cabo de duas sessões, informou-me que este me vira através dela e que desejava me encontrar o mais rápido possível, pois nossa relação estava em perigo. Certa vez em que fui visitá-lo, ele começou a destruir minha imagem junto à sua paciente, justificando seu discurso psicoterapêutico com uma salada sincrética de catolicismo e abordagem 'kármica'. Um dia, quando ela lhe disse que eu não queria mais vê-lo, ele berrou e me insultou, tratando-me de 'merda' e ordenando-lhe que me abandonasse."

"Todos os fins de semana, minha irmã, ela própria osteopata,[41] dirige-se a um psicoterapeuta transacional e homeopata. Desde que começou seu tratamento, mantém um discurso

---

mar-se por uma seita. Julgando-se a reencarnação da Virgem Maria, ela fundou um "Instituto de Pesquisas Psicanalíticas" que propõe aos "pacientes" limarem suas unhas com a broca dentária e deixarem os cabelos crescer a fim de obterem melhor comunicação com as ondas cósmicas. Cf. Jean-Marie Abgrall, *La mécanique des sectes*, Paris, Payot, 1996. Quanto à seita de "psicanálise tântrica", dirigida por Michel-Régis Malea, propõe um "ensinamento" que permite uma "melhor compreensão entre homens e mulheres": descoberta das energias feminina e masculina, encontro do outro e de si mesmo, conhecimento do sopro vital, sacralidade do toque. Publica regularmente opúsculos estranhos sobre Ninon de Lenclos, Crébillon, Freud, Rasputin etc. Oriundo do budismo mahaiana, o tantrismo alia ritos religiosos e sexualidade. Em conseqüência, a relação sexual com o guru faz parte da terapia enquanto método de acesso à "iluminação".

[41] Criada em 1874 pelo médico norte-americano Taylor Still (1828-1917), a osteopatia é uma técnica de manipulação das vértebras. Apóia-se freqüentemente em "teorias energéticas", que derivam das medicinas paralelas. Na França, a partir de um decreto de 6 de janeiro de 1962, ela é reservada aos médicos. É, contudo, praticada por diversos terapeutas que não são diplomados e que resolveram obter um status idêntico ao

violentamente antimedicina: antivacinações, antimedicamentos. Só jura pela homeopatia, a naturoterapia e a cristaloterapia (destinada a purificar e a purificar a horta de todas as suas toupeiras). Para coroar o conjunto, ela acha que pertence à elite espiritual. Faz sua formação numa associação, praticando 'maratonas terapêuticas', análise transacional e osteopatia."[42]

De dez anos para cá, vários depoimentos desse gênero foram dirigidos ao Ministério da Saúde ou a associações de vigilância por pais de vítimas de abusos. São regularmente mencionados para fornecer provas de que as escolas de psicoterapia seriam na realidade verdadeiros antros das seitas.[43] Camuflado na sombra, o charlatão, paciente ou terapeuta, está portanto presente, sempre presente, qual uma mancha ontológica no coração da Cidade: "Se não é você, então é seu irmão..."

Foi para se demarcar dessas derivas, com efeito, que as associações de psicoterapeutas franceses dirigiram-se, em 1995,

---

dos psicoterapeutas. Cf. Renand Marhic e Emmanuel Besnier, *Le New Age*, Bordeaux, Le Castor Astral, 1999.

[42] Encontramos vários depoimentos desse gênero no site da associação Psychothérapie Vigilance (www.psyvig.com). Cf. também Jean-Marie Abgrall, *Les charlatans de la santé*, op.cit. Entre as seitas que reivindicam diferentes psicoterapias, ou muito simplesmente medicinas paralelas, incluem-se em especial a catarse glaudiana, criada por Albert Glaude e que propõe "reativar as ocultações responsáveis pelo mal-estar utilizando um túnel simbólico", o *lying* e as vidas anteriores, as técnicas ditas "metamórficas", a viagem astral. Criado pelo psicólogo californiano Leonard Orr, o *rebirth* é uma terapia dita do "renascimento", eventualmente praticada por psicanalistas e revisitada pelas seitas. Consiste em reativar a energia do paciente fazendo-o respirar. Criado por Ida Rolf (1896-1979), o *rolfing* é um método de manipulação corporal que visa reequilibrar o corpo em relação à gravidade e aos diferentes grupos de músculos. Apóia-se sobre uma "teoria" da harmonização universal, que deu origem a graves derivas esoteristas.

[43] Eu mesma ouvi muitas vezes psicanalistas e psiquiatras afirmarem, sem a menor prova, que as associações de psicoterapia serviriam para dissimular iniciativas sectárias e, sobretudo, a seita Moon.

aos poderes públicos a fim de obter a instituição de um Conselho das Profissões de Saúde Não-Médicas. Bernard Accoyer, deputado médico da direita gaullista, ele próprio assessorado por um psiquiatra psicanalista membro da SPP,[44] entrou então na luta para propor, em outubro de 1999, uma orientação totalmente diferente, pretendendo transferir para o controle do poder médico o conjunto das atividades dos psicoterapeutas.[45]

Conscientes do perigo dessa enfeudação, os psicoterapeutas contra-atacaram solicitando aos poderes públicos a criação de um status próximo do instituído em diferentes países europeus.[46] Três projetos de lei foram então enviados à Assembléia Nacional. O primeiro, apoiado pelo deputado verde Jean-Michel Marchand, previa a oficialização do título de psicoterapeuta, garantido por certa formação dispensada nas instituições privadas *credenciadas pelo Ministério da Saúde*. O segundo, novamente defendido por Bernard Accoyer, consistia em transferir a psicoterapia para o controle do poder médico. Quanto ao terceiro, proposto por um deputado médico de tendência socialista,

---

[44] Christian Vasseur, do departamento de Savoie, como Accoyer.

[45] Por uma emenda ao Código de Saúde assim redigida: "O uso do título de psicoterapeuta fica estritamente reservado, por um lado, aos titulares do diploma de doutor em medicina, qualificado em psiquiatria, e, por outro, aos titulares de um diploma de terceiro grau em psicologia." Cf. "Proposition de loi relative à l'exercice de la profession de psychothérapeute, à l'attribution et usage du titre", apresentada por Jean-Michel Marchand, André Aschieri, Marie-Hélène Aubert, Yves Cochet e Noël Mamère, Assembléia Nacional Francesa, 28 mar 2000. É nessa mesma perspectiva que o senador Adrien Gouteyron apresentaria ao Senado, em 19 de dezembro de 2003, uma emenda à emenda Accoyer que receberia o apoio dos sindicatos de psicoterapeutas e da ECF.

[46] Essa questão será tratada no cap.V.

Serge Blisko, reivindicava a criação de um Conselho Internacional das Profissões da Psique.

Fica claro que o primeiro e o terceiro projetos iam de encontro às expectativas dos psicoterapeutas que não queriam ver suas atividades inscritas em programas de saúde pública, mas, por outro lado, queriam dar ao Estado garantias de que suas formações não dissimulavam nem abuso nem dominação sectária suscetíveis de gerar queixas judiciais. Naturalmente, essa auto-regulação de tipo liberal apresentava o inconveniente, aos olhos dos praticantes da disciplina-rainha, de acabar incluindo a psicanálise na longa lista das psicoterapias. Por sinal, os psicoterapeutas não escondiam isso, já que procuravam efetivamente traçar os contornos de uma "casa comum" capaz de acolher as quatro profissões da psique:[47] crime de lesa-majestade!

Não era preciso mais nada para que os psicanalistas desencadeassem uma verdadeira guerra de trincheiras contra os psicoterapeutas, multiplicando os colóquios na Assembléia Nacional e as ações junto ao Ministério da Saúde e à Comissão de Assuntos Sociais do Senado.[48] Coordenando suas ações por intermédio de um grupo de "contato", que permitiu a instauração de um laço entre as duas sociedades da IPA (SPP e APF) e os "bons lacanianos", ou seja, a Association Lacanienne Internationale (ALI), Espace Analytique e a Société de Psychanalyse Freudienne (SPF), os representantes das grandes associações freudianas

---

[47] Psiquiatria, psicologia, psicanálise, psicoterapia. Cf. "La psychothérapie dans notre société: état actuel e perspectives", colóquio organizado na Assembléia Nacional pelo SNPPsy e a AFFOP sob a presidência de Jean-Michel Marchand, 18 nov 2000.
[48] Cf. Jacques Sédat, "La psychanalyse et l'État", *Figures de la psychanalyse*, nº5, 2001.

aceitaram então, contra toda a tradição da psicanálise leiga[49] definida por Freud, o pior dos projetos,[50] o que transferiria para a alçada de uma política da saúde mental fundada na perícia técnica e no controle das consciências não apenas as psicoterapias, mas *a própria psicanálise*.

Assim é que, na manhã de 12 de dezembro de 2003, depois de terem travado por quatro anos uma batalha feroz contra seus irmãos inimigos, eles aceitaram, diante de um ministro benevolente, que alguns fossem inscritos nas listas departamentais e que outros fossem dispensados, e entregaram seus anuários a fim de que o Estado tivesse condições, no futuro, de responder à angústia dos pacientes, vítimas ora de terapias mágicas, ora de iniciativas sectárias. Provavelmente naquele dia esqueceram-se de que três quartos desses psicoterapeutas tinham se formado na psicanálise, sobre os divãs e no seio de suas escolas, e que, de certa forma, faziam parte da "família": um ramo rejeitado, dissidente, desautorizado, desorganizado, porém, mesmo assim, um ramo da família.

No final de 1963, no momento em que Lacan era riscado pela IPA da lista dos analistas didatas, Eliane Amado Lévy-Valensi, psicanalista israelense que não pertencia ao partido dos lacanianos, dirigiu uma carta a Serge Leclaire na qual comentava uma passagem do Talmude: "Se uma cidade está sitiada sob o risco de perecer e o sitiante propõe erguer o cerco caso um homem não seja entregue, a cidade deve antes perecer do

---

[49] Lembremos que Freud achava que sua disciplina devia permanecer "livre" e nunca se enfeudar num poder médico ou religioso qualquer: nem os médicos, nem os padres. A luta em prol da análise dita "leiga" dividiu durante um século o movimento psicanalítico mundial.
[50] Trata-se da emenda Accoyer-Giraud-Mattei, de que falei no cap.I.

que entregar este homem. Mesmo que ele seja um criminoso, mesmo que deva ser executado imediatamente.' Estas são imagens extremas, acrescentava: não estamos em perigo de morte e nossa vítima designada não é culpada de crime. O esquema moral, todavia, permanece o mesmo."[51]

Sem dúvida, hoje mais que nunca, os psicanalistas deveriam meditar nessas palavras.

---

[51] Carta de Eliane Amado Lévy-Valensi a Serge Leclaire, 7 nov 1963.

III ~ O universo das seitas

Originalmente, a palavra "seita" designa um grupo que se desliga de uma escola de pensamento, de uma Igreja, de uma religião ou de uma instituição política para se reunificar em torno de um mestre herético. Sob esse aspecto, as grandes seitas de inspiração gnóstica, platônica ou orientalista, que pregavam a insurreição espiritual, a busca de um conhecimento místico, tinham como referência maior uma verdadeira filosofia da liberdade. E foi através dessa temática que se inscreveu, no próprio cerne da história da racionalidade humana, a longa aventura, obscura e recalcada, de um desejo do homem de não se satisfazer por ser simplesmente homem.

O caso mais fascinante é o dos ismaelistas conhecidos como Assassinos.[1] Eles foram os primeiros a serem assim designados por terem sistematizado o tiranicídio, isto é, o assassinato ritual dos líderes políticos e religiosos contra os quais se haviam rebelado. Em 1164, o imã da comunidade instaurou, em sua fortaleza de Alamut, situada no norte do Irã, uma forma

---

[1] O termo "assassino" provém do termo *hashishin*, que significa "bebedor de haxixe" [sobre essa seita, ver Bernard Lewis, *Os assassinos*, Rio de Janeiro, Jorge Zahar, 2003 (N.T.)].

extrema de misticismo, que não passava da figura sublime de uma liberdade fundada na servidão em relação a Deus. A proclamação de uma grande ressurreição assemelhava-se então a um desejo de contestação da autoridade religiosa, próxima do que mais tarde seria a dos jansenistas: "Ao preço, escreve Christian Jambet, de estarem sempre fascinados pelo desastre e transformarem sua liberdade em servidão interior em relação à pessoa do imã. Daí o culto da personalidade que leva a escrever frases do gênero: 'Quem viu o imã viu Deus. Quem não obedece ao imã não obedece a si mesmo.'"[2]

Menos de um século depois desse acontecimento, a comunidade seria dissolvida e o último mestre de Alamut sucumbiria sob os ataques dos invasores mongóis. O novo objetivo dos intelectuais ismaelitas seria desde então conquistar, a partir do interior, um conquistador invencível.

É a figura da servidão voluntária que encontramos na seita terapêutica (*ashram*) de Shri Rajneesh Bagwan. Em 1980, esta compreendia setenta mil adeptos europeus e americanos no mundo, dos quais vários milhares se dirigiam todos os anos a Poona, na Índia, para ali praticar uma forma de terapia corporal fundada na violência física: estupros coletivos, membros fraturados, dentes quebrados, rostos feridos. Para ser admitido diante do guru curandeiro, cada adepto devia sofrer os ritos da purificação, que iam até a raspagem da língua ou à "aspiração" de seus odores efetuada por mulheres devidamente selecionadas. O mais espantoso é que os adeptos dessas práticas pertenciam à elite de certa *intelligentsia* ocidental: "Fiquei surpreso,

---

[2] Christian Jambet, *La Grande Réssurrection d'Alamût: les formes de la liberté dans le shi'isme ismaélien*, Lagrasse, Verdier, 1990.

escreve Max Pagès, com a submissão opressiva e absurda de participantes instruídos e formados em disciplinas intelectuais exigentes, professores de universidade, psicanalistas, médicos. Como um autor célebre, que, um dia após ter quebrado um dente num grupo, demonstrava fidelidade ao guru ... São portanto nossos irmãos, nossos colegas. 'Não interessa, dizia uma participante, conheci a Igreja Católica, o partido comunista, o socialismo, o movimento feminista. Agora estou aqui.'"[3]

Verdadeira estrutura trans-histórica, o fenômeno sectário é encontrado, em graus diversos, em todos os grupos humanos de visada messiânica ou terapêutica – no xamanismo e no transe, por exemplo –, mas também em todas as escolas de psiquiatria dinâmica e de psicoterapia. Originárias da contestação de um saber dominante, julgado incapaz de fornecer o tratamento desejado, estas revalorizam incessantemente, através do lugar que atribuem ao mestre iniciador e "curador", a dupla figura paradigmática da servidão e da liberdade.

Porém, quanto mais o grupo dissidente está em ruptura com o sistema interpretativo original que assegurava sua antiga coerência, mais arrisca-se a naufragar na deriva sectária. Assim é que a doutrina, reduzida a uma técnica coercitiva, pode se inverter em seu oposto. Em lugar de buscar a verdade de Deus – ou do saber objetivo – através do ensinamento de um mestre, os membros da nova comunidade vêem neste a fonte de toda a verdade. Este é então erigido em guru idolatrado por adeptos que não são mais discípulos. Nessa alternativa, a servidão a

---

[3] Max Pagès, "Une nouvelle religion: la psychothérapie", art.cit. Apoiando-se em Louis Dumont, Catherine Clément lembra que na Índia existem milhares de seitas que, longe de serem liberticidas, visam abolir o sistema de castas: "L'horreur en somme", *Le Nouvel Âne*, nov-dez 2003.

Deus ou a um mestre não é mais um modo de acesso à liberdade, mas a expressão de uma escravidão que leva o sujeito a adular o corpo sexual do guru. Em conseqüência, o crime transforma-se em lei, o incesto em fundamento de toda filiação, a doença em purificação da alma, e o terror no próprio horizonte da comunidade. Dedicada a princípio à busca de uma inversão perversa da lei, a seita, depois, só consegue escapar da decepção a que o real a condena organizando o suicídio coletivo de seus membros.

Sintoma de anulação da fronteira entre o dentro e o fora, entre o normal e o patológico, o fenômeno moderno da organização sectária nada mais tem a ver com o messianismo rebelde dos tempos antigos. Tendo jogado às traças a própria idéia de uma possível liberdade humana, ele é para a religião o que as medicinas paralelas são para a medicina científica, e para o Estado de direito o que o fascismo é para a democracia.

Mas o fenômeno sectário é também para as psicoterapias o que estas são para a psicanálise. Mácula e flagelo, ele é essa coisa inominável – essa *charlatanice sem fronteiras* – pela qual uma comunidade humana designa incessantemente aquilo que ela não é. E é efetivamente porque a seita é ao mesmo tempo a provedora de uma droga (*phármakos*) e a própria droga (*phármakon*) que ela pretende curar seus adeptos de todas as toxinas criadas pelas sociedades democráticas, pela medicina e pela psiquiatria: pesticidas, psicotrópicos, gorduras animais, medicamentos, cocaína, corantes, detergentes etc.

Porém, como fenômeno planetário, a seita de hoje é também o equivalente desse *outro* terrorismo, muito mais criminoso, que caracteriza o Estado meliante (ou o Estado charlatão) em sua relação com o Estado-nação ou o Estado de direito: "... a fonte mais irredutível do terror absoluto, diz Jacques Derrida, aquela que, por definição, verifica-se a mais vulnerável diante da pior ameaça, seria aquela que provém de 'dentro', dessa zona onde o pior de 'fora' habita 'em mim'."[4] Sob esse aspecto, a grande seita dos evangélicos,[5] oriunda das Igrejas protestantes tradicionais, e que estabeleceu como missão organizar o "Armagedon" (a batalha final entre o bem e o mal) despertando os cristãos de seu adormecimento, é certamente uma das mais poderosas do planeta: conta quinhentos milhões de adeptos distribuídos pelo mundo – e mais particularmente nos Estados Unidos e na América Latina.[6]

No Brasil, os evangélicos se apoderaram do saber psicanalítico ao contestarem e deturparem as sociedades freudianas de todas as tendências. Depois de terem criado uma sociedade de psicanálise dita "ortodoxa" e de terem "formado" mil e quinhentos praticantes que pretendem estar em condições de distinguir uma esquizofrenia de uma possessão demoníaca em função de uma reação do paciente à frase "O sangue de Jesus tem poder", em 2000, eles elaboraram um projeto de lei para reivindicar ao Estado uma regulamentação da profissão psicanalítica.[7]

Assim como a disseminação das armas nucleares e bacteriológicas, assim como a dispersão clandestina dos organismos

---

[4] Cf. Jacques Derrida e Jürgen Habermas, *Filosofia em tempo de terror*, Rio de Janeiro, Jorge Zahar, 2004, p.193.
[5] Que se define como Igreja.
[6] George W. Bush, presidente dos Estados Unidos, adepto do combate contra o "eixo do mal", é membro de uma das componentes do movimento evangélico. Cf. *Le Nouvel Observateur*: "Les évangéliques, la secte qui veut conquérir le monde", 26 fev-3 mar 2004.
[7] Projeto de lei nº 3.944-2000, apresentado por Eber Silva, deputado evangélico do Rio de Janeiro.

vivos – embriões, enxertos, esperma, ovócitos –, assim como a circulação oculta das drogas, da moeda ou dos mártires, o espectro da mecânica sectária assombra o futuro das sociedades democráticas. Pelo horror que suscita, pelo desafio que lança à tradição iluminista e pelo programa de eugenismo por ela reivindicado, a organização sectária contemporânea parece querer abolir o próprio princípio de uma transmissão genealógica. À força de recusar a lei para suprimir a separação entre si e o outro, ela leva à incandescência o sacrifício do corpo, o aniquilamento da consciência, a destruição da identidade e as práticas sexuais transgressivas ou perversas. Assim repousa sempre na promessa de uma morte da civilização e na crença delirante numa possível Nova Era do universo.

"Poderemos nos diluir na moela dos ossos do messias e nos tornar uma semente dele. Então essa semente será semeada no útero da esposa sem pecado. Ao entrar na moela dos ossos do messias, uma mulher pode se tornar uma semente do messias sem pecado. Se os dois pais são sem pecado, seu filho será sem pecado: é a mudança de linhagem." E mais: "Propomos que nos ajudem a acelerar a catástrofe final, que só fará purificar o universo ao destruir as criaturas que são fruto de uma experiência frustrada. Ajudem-me a aplicar meu plano que repousa em uma ativação dos diferentes racismos a fim de obter a eclosão de uma guerra mundial." E, finalmente: "Não vejo em que as medidas populares, a auto-abnegação e a democracia fizeram algum dia alguma coisa pelo homem, senão chafurdá-lo na lama."[8]

---

[8] Alain Vivien, *Les Sectes*, op.cit., p.32; e Jean-Marie Abgrall, *La mécanique des sectes*, op.cit., p.78.

Essas declarações emanam dos fundadores das três seitas do século XX mais tristemente célebres do planeta: Sun Myung Mun (Moon), pela Associação em prol da Unificação do Cristianismo Mundial (AUCM); Claude Vorilhon, pelo Movimento de Geniocracia Mundial (ou seita de Rael); Laffayette Ron Hubbard, pela Igreja de Cientologia e a "terapia" dita "dianética". Elas têm como ponto comum o ódio pela democracia, a rejeição da ciência e da medicina, a crença na imortalidade, o culto da desigualdade e a obsessão pela pureza biológica.[9]

Fundada em 1968, a seita Monn tomou o bastão dos diferentes movimentos de caça às bruxas estimulados por militares sul-coreanos e que pretendiam erradicar, com a ajuda da CIA, o flagelo do comunismo mundial, vivido como o Satã dos Tempos Modernos. Condenado diversas vezes por estupro e perversões sexuais, Sun Myung Mun sempre reivindicou os valores de um cristianismo tradicional ao mesmo tempo em que despojava seus adeptos de seus bens obrigando-os a se casar entre si com sua bênção, depois de ele próprio ter desfrutado de um estranho direito de dormir antes com a noiva. Instalada em numerosos países e administrada à maneira de uma empresa multinacional, a AUCM sempre apresentou suas práticas de conversão como experiências místicas ou terapêuticas de purificação da alma e do corpo.

Depois de ter sido abduzido por um disco voador em 1973, Claude Vorilhon fundou um movimento destinado a recepcio-

---

[9] Lafayette Ron Hubbard (1911-86), de nacionalidade norte-americana, é um antigo autor de ficção científica. Sun Myung Mun (nascido em 1920), de nacionalidade sul-coreana, é um antigo militar. Claude Vorilhon (nascido em 1946), canadense de origem francesa, é um autodidata que mudou diversas vezes de atividades e de identidade.

nar os extraterrestres. Como filho de Deus reencarnado no anjo Rael, estabeleceu como princípio fundador de sua seita a obrigação do laço sexual com todos os seus adeptos, homens, mulheres e crianças. Obcecado pelas questões de "filiação", conseguiu convencer cinqüenta mulheres "raelianas" a aceitarem receber um óvulo, reproduzido identicamente cinqüenta vezes. Graças a essa "clonagem reprodutiva", inspirada pelas pesquisas contemporâneas sobre embriões, sugeriu ser capaz de "duplicar" uma criança morta à idade de dez anos, que seus pais esperavam, assim, ver "ressuscitar". Para realizar essa proeza, convocou uma equipe de "cientistas" devidamente formados por sua seita. Desse modo foi recebido, em março de 2001, como um verdadeiro pesquisador pelo Congresso norte-americano.[10] Embora nenhuma "fabricação" de clone seja realizável em tais condições, vários médicos, cientistas e geneticistas foram persuadidos de que "bebês clonados" logo iriam invadir o planeta...

Bem mais moderna em seus métodos de coerção totalitária, a Igreja de Cientologia, como seu nome indica, sempre teve como projeto conciliar ciência e religião, e eis a razão pela qual reivindica o status de uma verdadeira religião, ao mesmo tempo em que se pretende portadora dos valores da cientificidade contemporânea. Nesse sentido, é sem dúvida alguma a seita mais perniciosa do mundo ocidental, uma vez que extrai deste mundo um conhecimento aparentemente objetivo, um sistema de crença de aspecto moderado e um modelo de tratamento terapêutico dos mais "racionais", inspirado ora na psicanálise,

---

[10] A audiência de Claude Vorilhon deu-se em março de 2001. Cf. *Libération*, 30 mar 2001.

ora na análise dita "transacional", ora na psicologia do comportamento ou nas neurociências: condicionamento, hipnose, behaviorismo, terapia cognitivo-comportamental. Verdadeira "droga de substituição", propõe a seus adeptos um *phármakon* "ecológico" que teria como virtude curar a Cidade de todas as poluições que lhe inflige a era industrial: desemprego, miséria social, solidão psíquica.

Assim, a seita reivindica para si, a fim de aviltá-los, todos os grandes princípios fundadores das democracias e todas as aspirações higienistas próprias da individualidade moderna. Direitos do homem, luta contra as discriminações, acesso a um bem-estar e a um êxito social merecidos, estes são os temas veiculados por suas múltiplas "associações": Associação para os Direitos do Homem e contra a Discriminação, Escola do Despertar, Escola do Ritmo, Comitê de Ação pelo Direito a um Bom Meio Ambiente ou pelo Respeito dos Direitos de Defesa etc. Preocupada com a respeitabilidade, a seita não hesita, como os defensores do cientificismo ou da psicofarmacologia, em afirmar que seus métodos foram avaliados, testados ou periciados por altas instâncias médicas e numerosas comissões de ética. Melhor ainda, consegue a adesão incessante de personalidades do mundo do espetáculo – John Travolta, Julia Migenes, Chick Corea –, que supostamente dão testemunho das benesses por ela distribuídas à humanidade inteira.

Para o futuro adepto, o ingresso na seita efetua-se em diversas etapas. Ele deve em primeiro lugar familiarizar-se com a literatura canônica do guru fundador. Deve em seguida passar por "testes de personalidade" que evidenciem seus pontos fracos. Finalmente, encontra alguns notáveis do movimento, que lhe propõem um trabalho por salário irrisório, o que fundamentalmente vem a significar que deve doar seus bens e proventos à comunidade. Assina então um "contrato" válido por um bilhão de anos, depois aprende a descobrir em si a existência de uma "segunda dinâmica (ou D2)", verdadeiro "impulso que deve sobreviver através do sexo". Se este falhar, isso significa que ele sofre de uma patologia. E, para curar-se, será preciso que renuncie ao parceiro exclusivo e se entregue a práticas sexuais novas: coletivas ou sadomasoquistas.

Logo o adepto adquire o direito de ter acesso ao vocabulário "secreto" da cientologia, que fará dele um iniciado capaz de, por sua vez, recrutar outros adeptos. Assim como a seita mobiliza o jargão das medicinas paralelas como um substituto do discurso médico (qualificado de assassino), ela recorre aos termos da psicologia ou da psicanálise para transformá-los em um jargão supostamente mais "científico" que a terminologia em uso nessas duas disciplinas.

Assim, o adepto aprende, durante um longo trabalho de *co-coaching* ou de *co-auditing* calcado na psicoterapia, que "o produto final da dianética é um ser humano saudável e de QI elevado", ou que "os membros atrofiados, as manchas de pele, as erupções cutâneas, a cegueira ou a surdez podem ser curados pela dianética".[11]

Porém, para que a iniciação do adepto seja perfeita, ele ainda terá que complementá-la com o teste do "eletrômetro". Segundo Hubbard o ser humano é composto de três esferas: o *thetano*, o mental e o corpo físico. Situado fora do corpo humano, o *thetano* é uma energia cósmica de origem extraterrestre

---

[11] Jean-Marie Abgrall, *La mécanique des sectes*, op.cit., p.233.

que foi primeiro congelada e depois aquecida pelos vulcões antes de se materializar em cada indivíduo para lhe dar a vida. Por intermédio da esfera mental, o *thetano* pode se exprimir, depois se concretizar no corpo físico. Assim, pode ser captado por um "eletrômetro", cujo princípio é o registro de suas variações.

Submetido inicialmente a um "tratamento", depois a uma mensuração "científica" de sua "energia cósmica", o adepto é logo convidado a sessões de auto-hipnose cujo conteúdo é relatado a um "supervisor" que acompanha e dirige o "tratamento". Os documentos recolhidos ao longo dessas múltiplas confissões constituem a chave-mestra que permite à seita expandir sua influência sobre o adepto, na hipótese de este tentar escapar. Mas o tratamento é destinado sobretudo a "curar" o sujeito de seus vínculos com um mundo exterior considerado nefasto para seu novo bem-estar: cônjuges, pais, crianças, empregadores. Uma vez tendo se tornado indiferente a essa atmosfera "patológica", o adepto pode continuar a viver "normalmente" e a freqüentar as pessoas de sua escolha.

Em seguida ele será coagido a outras formas de "purificação terapêutica", destinadas a proteger tanto de cânceres e doenças cardiovasculares quanto dos malefícios de uma sociedade democrática julgada neurótica, psicótica ou criminosa: sauna semanal, com durações de até seis horas, à temperatura de sessenta graus; corrida diária; regime alimentar composto de legumes levemente cozidos; e, finalmente, megavitaminoterapia, que pode atingir doses mortais.[12]

Sejam psicóticos, neuróticos, depressivos ou não sofram aparentemente de nenhum distúrbio psíquico, os futuros adep-

---

[12] Cf. Jean-Marie Abgrall, *La mécanique des sectes*, op.cit.

tos tornam-se membros da Igreja de Cientologia acreditando encontrar ali a liberdade que se esquiva deles na vida cotidiana. Desencantados, desengajados, perdidos num mundo que lhes oferece apenas a imagem de um narcisismo pretensioso, em relação ao qual se sentem estranhos, buscam então na coerção mais totalitária e na servidão mais abjeta os meios de se curar da vacuidade de seu ser e do nada, às vezes intangível, de uma relação há muito conturbada com seus parentes ou pais.

Existem no mundo milhares de seitas,[13] nem todas organizadas no modelo da cientologia. Em sua maioria, os gurus que as dirigem foram ou poderiam ter sido pacientes de psiquiatras, psicanalistas ou psicoterapeutas. Às vezes, são médicos, dentistas, homeopatas, osteopatas, acupunturistas, psicoterapeutas, psiquiatras etc., mas não raro são simplesmente autodidatas[14] e sem diploma algum. Mantêm com o adepto uma relação fusional, pontuada por sevícias sexuais, episódios delirantes e fraudes financeiras. Quanto aos adeptos, oriundos na maior parte das classes médias ou da grande burguesia, freqüentam o mundo da imprensa, do espetáculo, da medicina, da empresa ou da função pública, às vezes sem que ninguém desconfie de seu calvário. Na França, foram recenseadas cento e setenta e duas seitas em 1995 e mais de trezentos grupos "de tendências sectárias" compostos de terapeutas e pacientes psicóticos, depressivos, suicidas potenciais, delirantes, toxicôma-

---

[13] Budistas (Sukyo Mahikari), hinduístas (Krishna, Brahma, Kumari World Spiritual University, que tem status de ONG), judaico-cristãs (Testemunhas de Jeová, Waco, mórmons, Christian Science, pentecostais), neopagãs (Rael), esotero-ocultistas (Ordem do Tempo Solar), escolas de sabedoria (meditação transcendental, Nova Acrópole, Fraternidade Branca Universal), ecologistas (Ecoovie, Convite à Vida Intensa) etc.

[14] Cf. Jean-Marie Abgrall, *Les charlatans de la santé*, op.cit.

nos, alcoólicos. Quinhentas mil pessoas foram "tocadas" pelo fenômeno sectário entre 1982 e 1999.[15]

Quando escapam da servidão voluntária, às vezes depois de vinte anos de humilhação, os antigos adeptos não conseguem mais viver sem ajuda. Assim, recorrem a psicoterapeutas, psicanalistas, psicólogos ou psiquiatras. Percorrem, em sentido inverso, o trajeto que os levara a experimentar os princípios de um "tratamento" que não passava de um simulacro de tratamento. O novo tratamento cede então lugar ao antigo, e o adepto, agora paciente, é tratado ora com drogas – psicotrópicos –, ora segundo outras técnicas, não mais para ser enredado num sistema totalitário, mas para tentar compreender a significação de seu comportamento anterior. Valendo-se de sua experiência, alguns ex-adeptos tornam-se psicoterapeutas,[16] não diplomados e não inscritos em listas, mas muitos também recorrem às medicinas paralelas – homeopatia, fitoterapia, iridologia – ou a novas terapias.

Foi sem dúvida no cerne do movimento Nova Era que, durante duas décadas, vieram a se agrupar todos os componentes dessas novas terapias.

Movimento neoespiritualista composto de magos, taumaturgos e místicos, o ocultismo surgiu no final do século XIX em reação ao positivismo dos saberes ensinados nas universidades dos países ocidentais. Tratava-se então de reunir numa espécie de sincretismo, difundido por diferentes seitas, temas comuns às religiões ocidentais e orientais a fim de revalorizar os saberes

---

[15] Cf. Alain Vivien, *Les Sectes*, op.cit.
[16] Vários depoimentos foram publicados em *Le Journal des Psychologues*, nº174, fev 2000. Dossiê intitulado: "Les sectes, un danger pour la profession".

ditos "ocultos" ou "recalcados" tanto pelo discurso científico como pelas religiões instituídas como Igrejas.

Foi nesse terreno que se desenvolveu nos Estados Unidos, e associada à grande epidemia de espiritismo que atingia as mulheres, uma nova disciplina esotérica inspirada pela antiga teosofia. Persuadida de que os "mestres invisíveis" da tradição mística tinham encontrado refúgio nos elevados picos do Himalaia, Alice Bailey, espírita e telepata,[17] forjou em 1948 a expressão *New Age* (Nova Era) para designar a futura "idade de ouro" que a humanidade devia alcançar mediante um conhecimento aprofundado e subjetivo do além.

Em 1961, enquanto o movimento psicanalítico norte-americano evoluía, de um lado, para uma submissão cada vez mais acentuada aos princípios de uma psiquiatria biológica e, de outro, para a constatação da "cultura do narcisismo", Michael Murphy criava em Esalen, pequena estação balneária da costa californiana de Big Sur, um instituto que se atribuiu a missão de reunir todos os saberes oriundos da ciência, da filosofia e da religião a fim de criar uma nova maneira de viver e "desenvolver o potencial humano".[18] Diversos pensadores lá se encontraram por ocasião de conferências em que eram abordados, frente a uma das mais belas paisagens do mundo, todos

---

[17] Freud, como sabemos, interessou-se bastante pela questão da telepatia (comunicação à distância pelo pensamento) para mostrar que o fenômeno não existia. "A psicanálise, escreve Jacques Derrida, engole e vomita ao mesmo tempo esse corpo estranho chamado telepatia." Cf. Sigmund Freud, "Psicanálise e telepatia" (1921), in *Œuvres complètes*, t.XVI, Paris, PUF, 1991 [ed. bras.: *ESB*, vol.18], e Jacques Derrida, *Psyché: inventions de l'autre*, Paris, Galilée, 1987.

[18] Daí decorrerá a técnica do "desenvolvimento pessoal". Cf. W.T. Anderson, *The Upstart Spring: Esalen and the American Awakening*, Reading, Mass., Aldison Wesley, 1983, e Susan Baur, *Relations intimes*, op.cit. Essa corrente da psicoterapia é freqüentemente denominada "humanista" nas classificações atuais.

os temas capazes de oferecer uma saída para o grande mal-estar da civilização, tão bem descrito por Freud trinta anos antes. Logo, passaram a ser ensinadas em Esalen novas técnicas de meditação, novas investigações sobre a filosofia oriental... e novos meios de acessar a Nova Era. Dirão mais tarde que em Esalen "os psicóticos cuidavam dos *outros*".

Uma certa idéia da felicidade, desconhecida na Europa na mesma época, mas criada no início do século no próprio cerne de uma Europa devastada em seguida por duas guerras, instaurou-se assim naquele fantástico laboratório da liberdade que expandia, no modo libertário, as antigas experiências místicas. Ter acesso ao conhecimento, ao além, isto é, a um além da consciência, esta era a extravagante utopia dos criadores do Instituto de Esalen. E, para realizá-la, apoiavam-se na herança a eles legada pelos surrealistas – e sobretudo na trajetória mítica seguida por Antonin Artaud quando atravessou o Atlântico a fim de se iniciar no culto do peiote[19] com os índios do México. O acesso à verdadeira liberdade, isto é, a confrontação com o desconhecido, a loucura ou o "Eu é um outro" de Arthur Rimbaud, passava pelo consumo de drogas (o famoso LSD)[20] e por uma experiência da sexualidade carnal, coletiva e transgressiva fundada no gozo extremo dos corpos e que ia ao encontro da perspectiva freudiana ao mesmo tempo em que pretendia superá-la, renová-la, subvertê-la.

Durante alguns anos, o Instituto de Esalen recebeu a visita de considerável número de escritores, pesquisadores, dissiden-

---

[19] Cogumelo alucinógeno.
[20] LSD: ácido lisérgico dietilamida, substância derivada da espiga do centeio descoberta em 1943 pelo médico suíço Albert Hoffmann, e importada para os Estados Unidos pela CIA que esperava servir-se dela como soro da verdade durante seus interrogatórios...

tes do freudismo ou de contestadores da psiquiatria e da ordem familiar burguesa, todos fascinados por aquela busca *psicodélica* da Nova Era: Anaïs Nin, Carl Rogers, Abraham Maslow, Allan Watts, Erich Fromm, William Shutz, Ida Rolf, Ronald Laing, Frederick Perls, Aldous Huxley, Carlos Castañeda e Timothy Leary.[21]

Do "admirável mundo novo" sonhado por Huxley, que profetizara em 1932 o advento de uma humanidade vítima do delírio do cientificismo, nasceram todas as escolas de psicoterapia contemporânea. Todas estavam em ruptura com uma visão estreita e redutora da ciência, que já pretendia reger o conjunto dos comportamentos subjetivos. Muitas delas derivavam do modelo da gestalt-terapia fundada por Fritz Perls, da psicologia do ser ou da existência, ou ainda de uma abordagem "não diretiva" ou da bioenergética criada por Alexander Lowen, discípulo de Wilhelm Reich.

Nascido em 1893 numa família judia berlinense, Perls foi analisado por duas grandes figuras dissidentes do movimento freudiano: Karen Horney e Wilhelm Reich. Obrigado a fugir da Alemanha em 1933, foi para a África do Sul, onde começou por realizar tratamentos clássicos, ao mesmo tempo em que permanecia profundamente marcado pelo ensino reichiano. Como vários freudianos daquela geração, aspirava a se emancipar da psicanálise, congelada em regras excessivamente rígidas. So-

---

[21] Timothy Leary (1920-96): professor norte-americano de origem irlandesa, convertido ao hinduísmo e grande amigo de Aldous Huxley. Detido várias vezes por uso de drogas, acabou criando uma "liga": a Igreja LSD. No fim de sua vida, usava dois braceletes que traziam o endereço de duas sociedades convocadas para intervir em sua morte visando a conservação de seu cérebro. Mudou depois de opinião, pedindo que suas cinzas fossem enviadas para o espaço...

nhava com uma nova prática do tratamento que não se limitasse à fala, à exploração do inconsciente ou à análise da transferência, mas que incluísse em seu protocolo a questão do corpo sexuado: passagem ao ato, transgressão, experiências diversas destinadas a contra-atacar as forças do recalcamento para fazer surgir, do sujeito, a pulsão em estado bruto.

Inspirando-se no grande neurologista Kurt Goldstein, de quem fora assistente em Frankfurt, Perls criou a gestalt-terapia, forma de psicoterapia individual ou coletiva, ou ainda existencial, durante a qual o paciente é convidado a viver seus conflitos através de uma expressão ao mesmo tempo corporal e verbal a fim de encontrar a unidade de sua personalidade.

Foi primeiramente em Nova York em 1946, depois no Instituto de Esalen, que Perls desenvolveu suas teses gestaltistas, liderando grupos ligados à contracultura norte-americana. Teve diversas relações sexuais com suas pacientes, que se tornariam igualmente, em sua grande maioria, futuras terapeutas.[22] Após longa temporada no Japão, associaria a gestalt-terapia ao budismo zen e se tornaria um guru pregador tanto do naturismo como da abertura a todas as formas de terapias corporais, as mesmas que se desenvolveriam após sua morte, primeiro na Califórnia, depois em diversos países.

Existem atualmente – sobretudo na Europa, nos Estados Unidos e na América Latina – mais de uma centena de instituições de formação em gestalt-terapia. Seus idealizadores há muito renunciaram às práticas transgressivas do mestre fundador e implantaram severos códigos de deontologia que proí-

---

[22] Cf. Susan Baur, *Relations intimes*, op.cit., p.98-103.

bem esse gênero de derivas. Assim como os psicanalistas, eles expulsam seus charlatães. E nada autoriza a dizer que formam uma seita ou que estão sob domínio de uma organização sectária, ainda que as seitas recorram a alguns de seus métodos.

A aventura da Nova Era terminou num pesadelo. Podia ser de outra forma? Decerto, não. Com efeito, sabemos muito bem – e Freud não foi o primeiro a dizê-lo – que toda doutrina que promete ao homem uma liberdade fundada na realização ilimitada de suas pulsões sexuais está fadada ao fechamento sectário e à morte, o que acaba resultando apenas em um aumento de sua servidão.

Em 1980, quando uma jornalista norte-americana anunciou o advento de uma "conspiração de Aquário" ao retomar, para transformá-los, todos os temas da Nova Era explorados em Esalen, trouxe novamente à ordem do dia uma versão astrológica da antiga teosofia: "A humanidade, dizia ela em suma, ia entrar num milênio de amor e de luz ligado à passagem astrológica da era de Peixes à era de Aquário, sinal anunciador de uma Nova Era e de seus amanhãs que cantam."[23] A profecia foi ensejo, para as diferentes seitas que reivindicavam a mesma coisa, de acentuarem suas campanhas no sentido de denegrir a medicina científica e fazer prosperar uma multiplicidade de medicinas ocultas, delirantes ou mortíferas, como a instintoterapia, supostamente capaz de curar cânceres por meio da ingestão de carne crua, ou a urinoterapia, que consiste em fazer o paciente beber sua urina a fim de regenerá-lo. Todas as medici-

---

[23] Citado por Renaud Marhic e Emmanuel Besnier, *Le New Age*, op.cit. Cf. também Laura Winkler (astróloga e terapeuta do "desenvolvimento pessoal"), *L'Ère du Verseau: défis pour les temps à venir*, Paris, Trois Moutons, 1999.

nas paralelas e todas as outras terapias do corpo e da alma aproveitaram-se desse novo "advento" de Aquário para se "modernizarem". Quanto às seitas, floresceram igualmente no terreno de uma Nova Era que não tinha mais grande coisa a ver com as belas experiências libertárias de Big Sur.[24]

Vemos que, se é possível fazer o inventário das grandes seitas organizadas em escala planetária a fim de combatê-las por meios legais,[25] em contrapartida é muito mais difícil enumerar os múltiplos grupos de tendências sectárias ou não sectárias que estão perfeitamente inseridos nas redes associativas das sociedades ocidentais e que recorreram a todo tipo de "medicinas" da alma e do corpo, entre elas medicinas paralelas, psicoterapias clássicas, terapias mágicas ou místicas e tratamentos psicanalíticos sem controle.

Intensamente procuradas atualmente,[26] essas "medicinas" permeadas pela Nova Era são também valorizadas por certos programas de televisão, que expõem diretamente o sofrimento psíquico contemporâneo,[27] ou ainda por revistas especializa-

---

[24] Cf. Michel Lacroix, *Le spiritualisme totalitaire: le New Age et les sectes*, Paris, Plon, 1995.

[25] O trabalho de luta contra as seitas foi realizado de forma bastante eficaz na França, entre 1998 e 2004, pela Missão Interministerial de Luta contra as Seitas, dirigida por Alain Vivien. Ao contrário de países como o Canadá ou os Estados Unidos, a França recusou-se, por todos os motivos, a considerar as grandes seitas – e sobretudo a cientologia – como verdadeiras religiões. Por conseguinte, o fenômeno sectário francês está em nítida regressão desde 1999, ao passo que se espalha por toda a parte. Porém, ao mesmo tempo, as psicoterapias, e sobretudo as novas terapias, em plena expansão, são de bom grado designadas como técnicas de dominação sectária.

[26] Trinta milhões de franceses recorreram a essas diferentes "medicinas" (sobretudo à homeopatia), que vêem como "complementares" da medicina científica, por eles considerada "desumanizada".

[27] Tele-realidade ou programas que reúnem pessoas angustiadas e "peritos" (psiquiatras, psicanalistas, psicoterapeutas) sob a batuta de um mediador conciliador. Sobre

das,[28] que as recomendam aos seus leitores depois de tê-las colocadas no "banco de testes"[29] confrontando-as com outras medicinas consideradas mais "científicas": a psiquiatria, por exemplo, ou a psicanálise.

Quanto mais essas "medicinas" são requisitadas e valorizadas, mais se vêem fadadas a serem avaliadas, medidas, periciadas – e até rejeitadas – por aqueles mesmos que as utilizam ou as difundem, sempre receosos de nelas ver surgir a sombria figura do charlatão. Pois, nas sociedades democráticas modernas, os sujeitos, entregues a si mesmos, são profundamente tocados por uma demanda contraditória: querem poder escolher livremente quem os trata (princípio de liberdade) ao mesmo tempo em que exigem que o Estado os proteja dos charlatães (princípio de segurança).

Mas de que charlatão se tem medo, tratando-se dessas "medicinas" que, por definição, escapam a qualquer forma de objetivação racional ou somem depois de alguns anos para renascerem sob outro nome? Como, decididamente, definir o charlatão quando se sabe que os adeptos das terapias comportamentais assim vêem o psicanalista, porque o tratamento por ele praticado não é "cientificamente" validado, e que este último usa do mesmo termo para designar ora o psicoterapeuta, ora seus próprios adversários freudianos ou lacanianos? Afinal,

---

as modalidades de recrutamento das "testemunhas" exibidas nesses programas, cf. Macha Séry, "Des témoins à la chaîne", *Le Monde-Télévision*, 8-14 mar 2004.

[28] Depois de ter sido dirigido, até 1996, por um adepto da seita IVI, a revista *Psychologies*, reformulada por Jean-Louis Servan-Schreiber, é atualmente o principal vetor das novas terapias na França. Cf. Dominique Mehl, *La bonne parole*, Paris, La Martinière, 2003.

[29] Cf. sobretudo *L'Express* e *Le Nouvel Observateur*.

não seria o charlatão aquele que consome essas "medicinas" como drogas e que estimula sua promoção, sob o risco de iludir o público? Aquele que designa o semelhante como um charlatão sem saber do que está falando?

Coloca-se, porém, a questão de saber *quem* estará habilitado a controlar o incontrolável e que procedimento deverá ser adotado para consegui-lo.

IV ~ Miragens da perícia

Desde que se separou da psicanálise sob a influência de uma concepção comportamental da condição humana, e desde que a última versão do *Manual diagnóstico e estatístico dos distúrbios mentais (DSM)* tornou-se a única referência "científica" para a classificação das doenças mentais e dos distúrbios psíquicos, a psiquiatria renunciou a qualquer forma de missão salvadora para se colocar a serviço dos laboratórios farmacêuticos e da ditadura da perícia técnica.

Como conseqüência, todas as políticas de saúde mental dos Estados democráticos – e da França em particular – estão submetidas a um imperativo ao mesmo tempo biológico e de segurança. Elas têm por objetivo perseguir a anomalia psíquica como se rastreia uma doença orgânica e, por exemplo, tratar a criança rebelde à escolaridade como um doente "hiperativo" a quem se daria ritalina, por nada saber sobre as causas reais, econômicas, psíquicas ou sociais de seu mal-estar.[1]

Em nome desse cientificismo policialesco, essas políticas buscam avaliar o distúrbio mental na escola e o sofrimento psí-

---

[1] Medicamento psicotrópico derivado das anfetaminas e largamente distribuído, principalmente nos Estados Unidos, às crianças que apresentam sinais de instabilidade escolar.

quico na sociedade a golpes de perícias e tratamentos, em geral ineficazes, da mesma forma que se previnem as doenças cardiovasculares com regimes alimentares e medicações adequadas. Não apenas as crianças não terão mais o direito amanhã de ser insuportáveis, rebeldes ou contestadoras, como, para aplacar sua insolência em relação a alguns professores – cuja origem, como deveríamos saber apesar de tudo, não está nos neurônios – daqui a pouco se verão obrigadas, como aliás os professores, a preencher um questionário sobre o comportamento mental de seus pais: são alcoólicos, loucos, suicidas ou simplesmente perturbados? São psiquicamente saudáveis? Brigam? Tomam psicotrópicos? Há na família "antecedentes" etc.?

Ora, ao se entregar a esse gênero de "rastreamento", esquece-se que, no domínio do psiquismo, o imperativo da norma e da patologia não é da mesma natureza que o que rege o corpo orgânico. E ainda que um dia se verificasse semelhante, esquece-se que aprender a curar é aprender, como dizia Georges Canguilhem, a "conhecer a contradição entre a esperança de um dia e o fracasso do fim, sem perder a esperança".[2]

Inscrita no movimento de uma globalização econômica que transforma os homens em objetos de negociação, nossa sociedade, que qualifiquei como "depressiva",[3] corre grande risco de obedecer a essas injunções de vigilância e segurança coletiva. Pois tudo se passa como se ela só se interessasse pelo indivíduo para contabilizar seus sucessos, e pelo sujeito doente para vê-lo

---
[2] Georges Canguilhem, *Le normal et le pathologique* (1943), Paris, PUF, 1966 [ed. bras.: *O normal e o patológico*, Rio de Janeiro, Forense Universitária, 2000].
[3] Elisabeth Roudinesco, *Pourquoi la psychanalyse?*, Paris, Fayard, 1999 [ed. bras.: *Por que a psicanálise?*, Rio de Janeiro, Jorge Zahar, 2002].

como vítima de um charlatanismo cujo desdobramento é suscitado por ela própria, em função de não mais acreditar nem nas virtudes da liberdade nem no progresso da medicina científica. Assim, ela busca com obstinação cada vez maior cifrar o déficit em função de uma norma e mensurar a deficiência ou o trauma a fim de evitar interrogar-se sobre sua origem.

Por conseguinte, assistimos, nos Estados democráticos, a uma espécie de involução do racionalismo iluminista que leva os próprios sujeitos a desejar sua própria escravidão. Com isso, a psicanálise é violentamente isolada pelas neurociências e pelo comportamentalismo, que são os dois pilares desse sombrio higienismo das almas mediante o qual um indivíduo arrisca-se sempre a abdicar de sua liberdade para se moldar segundo um modelo de submissão coletiva. A psicanálise é atacada no mundo inteiro – e pelos próprios psicanalistas, às vezes cúmplices de uma resistência inconsciente à sua própria disciplina –[4] porque representa uma das formas mais modernas de resistência, não apenas aos saberes ocultos, mas à prática da perícia técnica, do controle e da avaliação posta em ação pelo saber dominante.

Predizer, avaliar, calcular, periciar, validar, contar, medir: o que significam todas essas palavras em se tratando do sofrimento psíquico e das terapias supostamente capazes de curá-lo, ou ainda da disciplina capaz de realizar sua descrição?

Para compreender de fato como se passou, em três décadas, de uma abordagem estrutural do sujeito – que levava em conta seus afetos, seu vivido existencial, a decifração de sua vida inconsciente ou de seu meio ambiente – para um esqua-

---
[4] Como atesta a famosa entrega dos anuários em 12 de dezembro de 2003.

drinhamento "ateórico" de seus comportamentos, convém primeiro saber que os procedimentos de avaliação do psiquismo nasceram, pós-1970, de uma vontade dos responsáveis pelas políticas de saúde pública de reduzir de forma drástica o custo do tratamento de todas as formas de patologia: em medicina, em psiquiatria, em psicologia e em psicoterapia. Daí a célebre e estarrecedora fórmula lançada, do outro lado do Atlântico, pelos fanáticos da avaliação: "A medicina de qualidade é a medicina mais barata possível."[5]

Com o aumento da expectativa de vida no Ocidente, e com a ampliação do grande mal-estar na civilização, decerto a avaliação do "uso correto dos tratamentos" é uma necessidade absoluta. Mas como se dá que, quanto mais se procure reduzir os custos, mais se desenvolvam, em escala planetária, as terapias mágicas, as medicinas paralelas, as autoterapias delirantes, as cápsulas milagrosas, em suma, esse fantástico mercado de ilusão terapêutica, acerca do qual o mínimo que se pode dizer é que, se por um lado responde a uma economia do gozo, da despesa, da pulsão e do extravasamento, ao mesmo tempo avilta todas as regras da racionalidade terapêutica? Como não ver que essa medicina, apesar de seus desempenhos científicos e seu indiscutível poder curativo, não traz respostas às angústias do sujeito? E que, quanto mais ela trata da doença reduzindo os custos por meio de incontáveis avaliações, mais estimula a miséria psíquica – e a desigualdade de condições?

---

[5] Alexandra Giraud, "Origines et définitions de l'évaluation en médecine", in Viviane Kovess (org.), *Évaluation de la qualité en psychiatrie*, Paris, Economica, 1994. Essa tese foi violentamente criticada por Hillary Rodham Clinton, *Minha história*, Rio de Janeiro, Record, 2002.

A partir de 1991, a avaliação tornou-se obrigatória na França em todas as disciplinas médicas:[6] avalia-se assim o custo de uma patologia, da qualidade dos tratamentos, de sua eficácia, do tempo dedicado a um doente, assim como são estabelecidos protocolos de tratamentos perfeitamente codificados e mensurados, por exemplo o número de anos de vida ganhos admitindo-se, por convenção, que "um ano de vida ganho porém onerado por sofrimentos e achaques equivalerá a meio ano de vida saudável".[7] A despeito dos raciocínios desconcertantes – como o que consiste em dispensar de qualquer trabalho em contato com amianto um indivíduo geneticamente predisposto a um câncer para substituí-lo por um reputado "saudável" –, a avaliação decerto teve efeitos benéficos, na medida em que permitiu, por exemplo, cuidar melhor dos pacientes, racionalizar as despesas de saúde e recompor a geografia da instituição hospitalar no seio de um sistema de saúde reconhecido como o melhor do mundo do ponto de vista da igualdade de cada cidadão diante das grandes doenças. Acima de tudo, resultou no direito de reembolso de um grande número de medicamentos em função da insuficiência do "serviço prestado", sobretudo de substâncias de alta diluição produzidas pelos laboratórios homeopáticos.[8]

Não deixa, porém, de ser verdade que os procedimentos de avaliação, embora não sejam eles próprios submetidos a con-

---

[6] É nessa ótica da avaliação generalizada que Bernard Kouchner, então ministro da Saúde, criou, em 14 de outubro de 1997, a Association Nationale d'Accrétidation et d'Évaluation em Santé (ANAES) com a firme intenção de incluir nesse sistema a perícia técnica das psicoterapias.
[7] Alexandra Giraud, "Origines et définitions de l'évaluation en médecine", op.cit., p.33.
[8] Esse direito de reembolso ainda não é efetivo na França, e provoca diversas polêmicas.

trole rigoroso, podem se tornar perigosos, perversos, até mesmo totalitários, a partir do momento em que privilegiem a arbitrariedade legal de uma pretensa *démarche* "objetiva" ou "científica" em detrimento da deliberação crítica. Como se pode, por exemplo, considerar que um ano de vida ganho ao preço de um desconforto radical possa "valer" meio ano de vida saudável sem levar em conta a opinião do paciente, seu desejo profundo, sua resistência ao sofrimento etc.? A questão fundamental a ser colocada é saber de que instância legal provém aquele que pretende avaliar os outros. Quem está em condições de avaliar o avaliador? Como controlar as derivas ligadas às miragens dessa ideologia da perícia generalizada que assaltou as sociedades democráticas e que pretende, em nome da segurança das populações, controlar o incontrolável?

Na área da psiquiatria e da psicologia, a ideologia da avaliação levou a um verdadeiro desastre tanto no plano clínico como do ponto de vista do ensino das próprias disciplinas. Para reduzir os custos e melhor delinear os "perfis" patológicos dos pacientes, os avaliadores aplicaram aos doentes mentais critérios idênticos aos que permitem agrupar especialidades médicas em um mesmo setor hospitalar. Como conseqüência, os pacientes não são mais tratados caso a caso e segundo a singularidade de sua história, mas enquanto pertencentes a "grupos homogêneos de doentes" definidos em função de critérios comportamentalistas e psicofarmacológicos: a cada comportamento corresponde um medicamento, a cada patologia um certo número de atos, a cada hospital um tipo de patologia. Os doentes são recenseados por meio de "fichas" que visam registrar todas as suas atividades, bem como definir o número de providências – ambulatoriais, hospitalares ou extra-hospitalares – tomadas pelo psiquiatra, o qual não deixa de levar em conta, em sua auto-avaliação, o tempo gasto na apresentação telefônica de um caso. A ficha serve, em seguida, de base para o relatório de atividade anual enviado à Direção Geral da Saúde (DGS), que pode se servir dele para fins estatísticos.

Obrigados a um trabalho administrativo cada vez mais pesado, a multiplicar os cálculos e as avaliações, a proceder às famosas perícias destinadas a classificar os pacientes em função de um sistema de vigilância ao mesmo tempo "jargonesco" e incoerente, os psiquiatras tornaram-se, em alguns anos, gestores de uma empresa em processo de falência – e não os clínicos modernos de uma abordagem dinâmica da loucura, como alguns queriam nos fazer acreditar. Assim, transferiram suas competências para enfermeiros ou psicólogos que se ocupam do psiquismo do paciente. Num relatório patrocinado por Jean-François Mattei – grande "protetor da psicanálise" –, e reivindicando uma medicalização mais intensa, na França, do fato psíquico,[9] diversos psiquiatras avaliadores anunciaram o desaparecimento, para 2020, da disciplina psiquiátrica: "Os psiquiatras são, entre os médicos, aqueles cuja média de idade é mais elevada ... Em 2012, uma diminuição de 12% do número de psiquiatras é quase inelutável ao se considerar as escolhas já operadas e um prazo mínimo de onze anos antes que elas se materializem. Conservando-se um número de 176 diplomas de estudos especializados (DES)* em psiquiatria, a diminuição do número de psiquiatras seria de cerca de 40% (- 5.398) no horizonte de 2020, quando restariam apenas 7.856 psiquia-

---
[9] Carta de Jean-François Mattei dirigida a Philippe Cléry-Mélin, 10 fev 2003.
* Grau universitário equivalente ao mestrado brasileiro. (N.T.)

tras. Essa diminuição significativa do número dos especialistas compromete a realização de missões que preconizamos para a psiquiatria."[10]

Foi esse relatório que serviu como ponto de apoio para a elaboração das emendas de Bernard Accoyer e, sobretudo, de Jean-François Mattei de que tratamos no cap.I. Para remediar o inevitável declínio de uma psiquiatria desertada pelos estudantes mais brilhantes, que agora se orientam para outras especialidades, os autores do relatório propõem a criação de um status de psiquiatra coordenador, o qual teria como missão avaliar, vigiar, periciar todos os terapeutas da psique não diplomados em psicologia ou em psiquiatria, a fim de impedi-los de "prejudicar" os pacientes.

Assim, preconizam considerar como "científicas" – e portanto, a prazo, deixar a cargo do seguro de saúde – somente as psicoterapias devidamente periciadas e praticadas, a princípio, por psiquiatras ou, na falta destes, por psicólogos. Foi portanto em nome dessa ideologia da perícia que os psicoterapeutas não diplomados foram condenados por um ministro benevolente – que ignora o número deles – a se inscrever em listas a fim de serem avaliados por júris compostos por psiquiatras e psicólogos

---

[10] Philippe Cléry-Mélin, Jean-Charles Pascal e Viviane Kovess-Mafety, *Plan d'actions psychiatrie et santé mentale*, 15 set 2003. Há na França 196.000 médicos: 94.859 são clínicos gerais e 101.141 estão distribuídos em cerca de quarenta especialidades, entre as quais a psiquiatria conta com 13.600 profissionais recenseados no *Annuaire des Psychiatres Français* dos anos 2003-4. Destes, 50% receberam uma formação psicanalítica (sobretudo os profissionais liberais). Dos 5.000 psicanalistas franceses que figuram nos anuários de suas sociedades, 2.000 são psiquiatras. A observar que entre os clínicos gerais encontram-se, claro, homeopatas e psicoterapeutas. Cf. Robert Levet, "Que penser du rapport Cléry-Mélin?", *Cultures en Mouvement*, n°65, mar 2004. Cf. também Cécile Prieur, "Un rapport préconise 140 pistes de réforme pour sortir la psychiatrie de la crise", *Le Monde*, 7 out 2003.

inaptos a julgá-los e que não sabem absolutamente com o que estão lidando. Assim, pensa-se estar protegendo os "usuários" de uma dominação d?° seitas no exato momento em que, como já destaquei, o fenômeno está em retrocesso na França.

Diante das psicoterapias e das novas terapias, cujo desdobramento tentei descrever, as terapias cognitivo-comportamentais (TCC),[11] completamente desconhecidas por parte dos pacientes, são portanto as únicas a serem vistas como "científicas" pelos psiquiatras hostis à psicanálise, pelos psicólogos cognitivistas, globalistas ou experimentalistas, com diplomas reconhecidos pelo Estado, e finalmente – mais grave ainda – pelo seriíssimo Institut Nacional de la Santé et de la Recherche Médicale (Inserm). Oriundos do behaviorismo e das teorias do comportamento e da cognição, essas terapias consistem numa mistura do método Coué,[12] educação corporal e técnicas de persuasão e de condicionamento das consciências.

Longe de quererem emancipar o sujeito, elas propõem na verdade um protocolo terapêutico cifrado, espécie de contrato, projeto de vida ou de reeducação do pensamento, ao fim do qual, em um número de sessões bem definido, o paciente, claramente informado por seu terapeuta, deve aprender, caso seja fóbico, a se curar de sua fobia assistindo a filmes de terror, caso anoréxico, comendo pouco e em pequenas quantidades, caso ansioso, dominando sua angústia e tornando-se sensato, e, caso esquizofrênico, não sendo mais louco e raciocinando correta-

---
[11] Na França, duas sociedades de terapias comportamentais agrupam no total 567 profissionais, quase todos psiquiatras.
[12] Émile Coué (1857-1926): farmacêutico francês, criador do método conhecido como de auto-sugestão, que consiste em dominar-se a si mesmo.

mente. Entregue a tais procedimentos, conhecidos como "modelos básicos", deverá atravessar diversas etapas antes de ter acesso à "cura" definitiva: *shaping, modeling, fading,* extinção, autodessensibilização, programa de *token-economy*, aprendizagem por fuga, evitamento e punição etc. Ousemos dizê-lo: essas "terapias" têm mais a ver com as técnicas de dominação impostas pelas ditaduras ou seitas do que com terapias dignas desse nome. Assim, podemos nos felicitar por irritarem as pessoas.

E, no entanto, como mostra uma "perícia coletiva" tornada pública em 26 de fevereiro de 2004, patrocinada inicialmente por Bernard Kouchner e depois por William Dab,[13] diretor geral da Saúde, diversos pesquisadores do Inserm não hesitam em destacar que conseguiram fornecer a prova da superioridade dessas terapias sobre as outras e, principalmente, sobre todas as abordagens psicodinâmicas, entre as quais a pior de todas: a psicanálise. Quando sabemos que esses "peritos" do Inserm são, eles próprios, adeptos dessas terapias cognitivo-comportamentais, deturpadores da psicanálise e da abordagem psicodinâmica ou fanáticos pela perícia generalizada em matéria de saúde pública, perguntamos em que consiste sua competência como avaliadores. Podem eles julgar com absoluta objetividade os métodos que são os seus e outros métodos de que são, por sinal, ferozes adversários?[14] O que diríamos se o

---

[13] Nomeado diretor geral da Saúde em agosto de 2003 por sugestão de Jean-François Mattei, William Dab é um fanático pela perícia técnica: "O que não é avaliado não é científico" declarou ao *Figaro* em 27 de março de 2004.

[14] Entre os dezesseis "peritos", destacam-se David Servan-Schreiber, Jean Cottraux e Daniel Widlöcher, psicanalista, membro da APF e presidente da IPA, que sempre manifestou extrema simpatia por esses métodos, a ponto de ser nomeado membro honorário da Association Française de Thérapie Comportamentale et Cognitive. Podemos ler

Estado tivesse confiado aos membros mais ortodoxos das sociedades psicanalíticas a tarefa de avaliar os tratamentos dispensados pelos membros de suas próprias escolas?

Conscientes do fato de que é impossível testar a eficácia de uma terapia da mesma forma que se avalia a presença ou ausência de uma substância ativa num medicamento, os peritos assinalam que não recorreram à comparação entre uma terapia dita "ativa" e uma terapia "placebo". Assim, afirmam ter medido a eficácia das TCC por "meta-análises"[15] que passam em revista cerca de "setecentos estudos efetuados nos últimos sessenta anos". Mas quando sabemos que as "análises" que compõem essas meta-análises utilizam a técnica do contraplacebo às cegas, simples ou duplamente, podemos medir a que ponto os peritos do Inserm estão fadados a não avaliar absolutamente nada.

Com efeito, todas as perícias que pretendem comparar uma terapia "eficaz" com uma terapia "placebo" instalam protocolos dos quais o mínimo que se pode dizer é que são totalmente ridículos. Assim, pretende-se "periciar" a diferença entre um grupo de pacientes submetidos a "verdadeiras" terapias e um outro grupo, obrigado, por exemplo, a situações de tipo place-

---

também com interesse a excelente declaração de Roland Gori, psicanalista, professor de psicopatologia na Universidade de Aix-Marselha, fundador em 1984 da revista *Cliniques Méditerranéennes* e presidente do Seminário Interuniversitário Europeu de Pesquisas em Psicopatologia e Psicanálise (SIUERPP), criado por Pierre Fedida em 2000, o qual agrupa 130 instrutores psicanalistas pertencentes a todas as obediências do freudismo francês: "Sinto nojo. Esse relatório é apresentado como científico, porém não o é ... Não passa de um discurso pseudo-científico que legitima a moda do discurso higienista e obcecado com segurança" (*Le Monde*, 26 fev 2004).

[15] As meta-análises consistem em "considerar como hipótese que o conjunto dos estudos é uma amostragem de todos os estudos possíveis sobre o tema dado". Essas meta-análises são extraídas de trabalhos norte-americanos e canadenses já conhecidos.

bo das mais extravagantes: contato mínimo com um terapeuta durante semanas, lista de espera por contato telefônico durante meses, comparação entre uma terapia já validada por esse "método" e outra não validada etc.

Numa época em que os melhores pesquisadores interrogam-se sobre a maneira de não infligir dor aos animais que sofrem experimentos médicos necessários, pergunta-se por que aberração adeptos do comportamentalismo foram capazes de "periciar" homens e mulheres tratando-os como antigamente eram tratados ratos de laboratório. Mais uma vez, foi da ciência ocidental mais sofisticada que vieram as mais fortes invasões bárbaras que nos devastam. Na França, elas são financiadas pelo Estado e pretendem atualmente, com a cumplicidade tácita de três mil e quinhentos psicanalistas, expulsar os sete mil e quinhentos psicoterapeutas instalados oficialmente, para substituí-los por adeptos do condicionamento auto-avaliado. Decididamente, a crueldade humana não tem limites.[16]

Invejando as outras escolas de psicoterapia, que consideram "irracionais" e "não científicas", e sentindo-se inferiorizados por uma ausência total de reconhecimento público, os adeptos das TCC pretendem ser detentores exclusivos no mundo de um método infalível, testado, avaliado, mensurado, eficaz. Assim, consideram-se, do fundo de seu anonimato maldito, as vítimas de um formidável complô "midiático" orquestrado por

---

[16] Depois da publicação desse relatório, um dos peritos, o psiquiatra Jean-Michel Thurin, desautorizou na Internet (28 fev 2004) o trabalho do qual, porém, participara: "A direção da perícia aproximou-se progressivamente de uma orientação *Evidence Based Medecine* levada ao extremo. Ora, esta última não se adapta ao objeto estudado por múltiplas razões, sendo a mais evidente o fato de uma psicoterapia não consistir em uma molécula química prescrita a um paciente."

intelectuais[17] que ousam, há um século, espezinhar a verdadeira ciência ao avalizarem a terapia mais nefasta, mais pavorosa, mais escandalosa jamais imaginada no Ocidente: a análise freudiana. Pois, com efeito, na quase totalidade das obras que enaltecem os méritos das TCC, a famosa disciplina-rainha é julgada responsável por um "grande atraso francês" em matéria de pesquisa científica. Quanto ao próprio Freud, é qualificado ao longo das páginas como "mitômano", "impostor" ou padrinho de uma *omertà* [lei do silêncio] cujo objetivo seria acobertar crimes e operações "fraudulentas".[18]

Isso, porém, não é tudo. Num livro recente, *Mentiras freudianas*,[19] premiado pela Sociedade Francesa de História da Medicina e acolhido com fervor pelo corpo médico, pelo *Quotidien du Médecin*, pelos entusiastas das TCC e prefaciado por um psicólogo simpatizante do Club de l'Horloge,[20] a psicanálise é apresentada pelo autor, Jacques Bénesteau, como uma "invenção mentirosa", uma "fraude", uma "prodigiosa retórica da desinformação". Quanto a seus representantes, de Freud a Lacan, passando por Jones, Jung, Melanie Klein, Anna Freud, Bettelheim etc., são comparados a uma quadrilha de gângsteres psicopatas gananciosos, incapazes de curar o que quer que seja e protegidos por "redes" ou "submarinos" que lhes permitem infiltrar-se nas sociedades ocidentais para aí difundir seus "mitos

---

[17] Entre os quais filósofos e escritores tão pouco "sérios" quanto Thomas Mann, Theodor Adorno, Romain Rolland, André Breton, Pierre-Jean Jouve, Jacques Derrida, Christian Jambet, Gilles Deleuze, Michel Foucault etc.
[18] Jean Cottraux, autoperito das terapias que pratica, chega a designar o cientista vienense com o apelido de "Sigmund *Fraude*". Cf. *Les visiteurs du soi*, op.cit., p.140.
[19] Jacques Bénesteau, *Mensonges freudiennes: histoire d'une désinformation séculaire*, Sprimont (Bélgica), Mardaga, 2002, prefácio de Jacques Corraze.
[20] Antro da extrema direita francesa.

fundadores". Valendo-se desse raciocínio, o autor e seu prefaciador não hesitam em afirmar que seria preciso escrever o "livro negro do freudismo", inventário altamente necessário dos seus malefícios, crimes e abusos.

O vocabulário aqui usado é o de uma "metodologia" que tende a reduzir todas as formas de engajamento a estratégias policialescas fomentadas por *lobbies* e que se assemelha àquela, bem conhecida, de Roger Garaudy, cujo livro *Os mitos fundamentais da política israelense* foi retirado de circulação na França em 1995 em aplicação da lei Gayssot de 13 de janeiro de 1990.[21]

Bénesteau finge, portanto, ignorar que a psicanálise foi por toda a parte, e sempre, proibida de ser ensinada e praticada por todos os poderes ditatoriais, a começar pelo que foi instaurado pelos nazistas, que a qualificaram de "ciência judia", depois pelos stalinistas, que fizeram dela uma "ciência burguesa". Diversos representantes dessa disciplina diabólica e mentirosa foram perseguidos, exterminados, torturados em razão de suas idéias.[22] Mas nada disso interessa de fato nem ao autor do livro, que chega a afirmar que Freud inventou as perseguições anti-semitas de que foi objeto em Viena, nem aos adeptos das TCC, que se inspiram nele para falar mal da psicanálise.

Na aurora do século XXI, no país mais freudiano do mundo, a psicanálise, portanto, é odiada por obscuros peritos do poder médico, preocupados em banir da Cidade aquele que consideram o maior charlatão da história. O espectro de Freud

---

[21] Cf. Jacques Derrida e Elisabeth Roudinesco, *De quoi demain... Dialogue*, Paris, Fayard-Galilée, 2001 [ed. bras.: *De que amanhã... Diálogo*, Rio de Janeiro, Jorge Zahar, 2004].

[22] Cf. Elisabeth Roudinesco, "Le Club de l'Horloge et la psychanalyse: chronique d'un antisémitisme masqué", *Les Temps Modernes*, jun 2004.

– *phármakos*, envenenador, mentiroso, conspirador – continua a perturbar o sono dos bárbaros.[23]

E como, neste ponto, não pensar na seguinte observação de Thomas Mann, escrita em 1938: "Como esse homem [Hitler] deve odiar a psicanálise! Desconfio secretamente que a fúria com que marchou contra certa capital dirigia-se ao velho analista lá instalado, seu inimigo verdadeiro e essencial, que desvendou a neurose, o grande desilusionista, aquele que sabe a que se ater e conhece tudo sobre o gênio."[24]

Por definição, nenhuma forma de tratamento psíquico poderia ser municipada[25] da mesma maneira que um medicamento ou um tratamento médico. O tratamento não é nem uma técnica nem um ato cirúrgico, mas uma experiência singular que *transforma* um sujeito. Em contrapartida, o que mostra a história moderna das doenças da alma é que a diversidade faz-se necessária para uma melhor compreensão da subjetividade humana. Assim, foi graças à aliança da quimioterapia, do princípio de acolhimento coletivo e dos tratamentos psicodinâmicos que a fisionomia da loucura mudou em todos os países ocidentais. Foi graças a essa aliança que se passou da internação asilar à reinserção dos doentes mentais na sociedade. Em contrapartida, desde que o *DSM* pôs fim a isso, assistimos a um retroces-

---

[23] Quando se sabe, além disso, do triste estado em que se encontra a pesquisa científica francesa, pergunta-se na verdade por que o Inserm financia essas tolices. Cf. *Le Monde*, 7-8 mar 2004.
[24] Thomas Mann, *Les exigences du jour*, Paris, Grasset, 1976, p.284.
[25] Em *Por que a psicanálise?*, examinei em detalhe os procedimentos adotados a partir de 1930 para testar a eficácia das psicoterapias. Todos os resultados mostram que basta um paciente decidir por conta própria ir a um terapeuta para já se sentir "curado" pela metade. Assim, 80% dos pacientes interrogados dizem-se satisfeitos com a experiência de um tratamento, seja qual for a sua natureza.

so no tratamento da loucura. As prisões estão repletas de doentes mentais e as internações arbitrárias vêm aumentando, não raro acompanhadas de abusos e tratamentos medíocres.[26]

Foi também graças à psicanálise que puderam ser desmascaradas as teorias do condicionamento, inspiradas nada mais, nada menos que na negação de todas as formas de liberdade.[27] E, finalmente, foi através do incrível desdobramento das terapias mais extravagantes – vindas do outro lado do Atlântico – que o homem ocidental pôde se confrontar com a grande miragem da própria essência de seu narcisismo, mesmo sendo este dos mais mortíferos.

Lembremo-nos de Stanley Milgram, professor da Universidade Yale, adepto da experimentação.[28] Em 1970, ele teve a idéia de, por meio da imprensa, recrutar estudantes ávidos por ganhar dinheiro, propondo-lhes que se submetessem a um "pequeno experimento". Fazendo-lhes acreditar que buscava medir a memória e o aprendizado, arrastou-os, em nome do grande princípio da busca científica da verdade, numa espiral infernal.

Os recrutas foram divididos em dois grupos: monitores e alunos. Com um eletrodo instalado no punho e amarrado com correias a uma cadeira, o aluno tornava-se cobaia de um experimento do qual nada compreendia, já que este tinha por objetivo testar a crueldade do monitor. Instalado diante de um painel horizontal com trinta alavancas capazes de produzir choques elétricos graduados, podendo chegar a causar a morte,

---

[26] A ponto de um deputado comunista, Georges Hage, pedir a esse respeito uma investigação parlamentar. Cf. *Le quotidien du médecin*, 27 fev 2004.
[27] É por essa razão que são utilizadas pelas seitas.
[28] Cf. Stanley Milgram, *Soumission à l'autorité*, Paris, Calmann-Lévy, 1974.

este último devia aplicar uma punição ao aluno ao menor erro cometido na memorização de uma palavra.

Ao encarnar a autoridade científica, Milgram, o experimentador, constatou que ao longo do "experimento" 60% dos monitores eram capazes de infligir choques mortais em suas vítimas. Naturalmente, eles ignoravam que sua vítima era um ator simulando dor. Desse "experimento", Milgram concluiu que, se numerosos indivíduos podem cometer tais atos, é porque se identificam com o experimentador, o qual encarna um poder simbólico sem limites em virtude até de sua posição de chefe ou líder.

No entanto, esse "experimento" acaba não demonstrando nada mais que a vacuidade de qualquer procedimento de perícia sobre o comportamento humano. Em contrapartida, fornece a prova de que o gozo do experimentador é sem limites, e que este não é alheio, em seu foro íntimo, aos desejos perversos que pretende suscitar em seus recrutas. Mentiroso, perpetrador de abusos, enganador, inventor de truques, o experimentador vê os sujeitos como meros objetos-fetiches. Quanto ao monitor manipulado, nada prova que em outro contexto fosse necessariamente um torturador.

Nosso mundo, povoado de avaliadores incompetentes, é contudo fascinado pelas miragens da perícia generalizada. Tudo se passa como se a proliferação dos relatórios, das compilações e das meta-análises nos autorizasse a tampar os ouvidos diante das verdadeiras demandas da sociedade civil. Há nisso um terrível abuso de poder.

A ideologia da perícia estendeu-se a todos os domínios das ciências humanas, e sobretudo na universidade, onde faz estragos – principalmente quando se trata da nomeação dos professores de psicologia, e portanto da formação dos psicólogos, sendo dois terços clínicos, dentre os quais são recrutados os futuros psicanalistas.[29] Assim, desde 1990 a Direção de Pesquisa do Ministério da Educação Nacional implantou um protocolo de avaliação sistemática das equipes de acolhimento dos cursos de doutorado. Na República laica, não basta mais, para ter autoridade, ser um professor com diploma oficial do mais alto nível e ter publicado trabalhos reconhecidos no mundo inteiro – é preciso também concordar com avaliações realizadas por "peritos" que, no mais das vezes, não possuem nem a mesma notoriedade, nem o mesmo talento, nem a mesma competência daqueles por eles julgados.

Para compreender de fato o funcionamento dessa máquina de periciar que pretende controlar "cientificamente" a transmissão do saber, recorrerei – uma vez não é sempre – à minha própria experiência. Em 1998, ao ser convidada para integrar o conselho de redação da revista *L'Évolution Psychiatrique*, aceitei com entusiasmo, ainda mais que tinha ali vários amigos e fora a primeira, há vinte anos, a escrever sua história.[30] Ignorava então que os membros do comitê de redação dessa revista tinham aderido ao sistema em vigor no seio da XIV Seção de

---

[29] Dos 50.000 psicólogos diplomados nas universidades de ciências humanas, 35.000 estão em atividade, dos quais dois terços de psicólogos clínicos (22.000), dentre os quais 80% seguiram um curso psicanalítico ou se tornaram psicanalistas, ou ainda se orientaram para diversas psicoterapias sem estarem necessariamente inscritos nos anuários.

[30] Fundada em 1925 por onze psiquiatras psicanalistas, em seguida dirigida por Henri Ey, depois por Étienne Trillat e Jacques Postel, *L'Évolution Psychiatrique* foi durante setenta e cinco anos o florão do pensamento psiquiátrico-psicanalítico francês antes de se tornar, sob a direção de Yves Thoret, uma "revista indexada" submetida a avaliação técnica. Cf. Elisabeth Roudinesco, *Histoire de la psychanalyse en France* (1896), t.II, op.cit.

Psicologia do Conselho Nacional da Universidade (CNU), o qual consiste, para qualificação de professores, em aplicar certos procedimentos ditos "científicos" de avaliação.

A aplicação desse sistema leva a uma seleção, a título de competência, não das obras, não dos livros, não dos artigos publicados em excelentes revistas ou em editoras respeitáveis, mas colaborações publicadas em revistas ditas "indexadas" – e, portanto, listadas em bancos de dados que "garantem" sua validade em virtude da adoção de um princípio de "leitura anônima".

A "cientificidade" desses textos é medida pelo número de citações de que são objeto em outros textos selecionados segundo o mesmo princípio. Assim, determina-se o "fator de impacto" (*impact factor*) de um artigo. Quanto mais o autor é citado por outros autores, mais tem chances, acredita-se, de abocanhar um prêmio Nobel. Sob a condição, todavia, de que obedeça à regra imposta de jamais citar em bibliografia textos datados de mais de quatro anos. No domínio das ciências humanas, imagina-se facilmente o estrago que tal regra pode provocar. Um candidato a um posto ou a uma publicação deve efetivamente eliminar de sua demonstração qualquer referência a Platão, Freud, Kant etc.

Graças à luta travada por Pierre Fedida e Roland Gori no seio do CNU, essa regra do *impact factor* não é aplicada nas outras revistas de ciências humanas "indexadas" para a nomeação dos candidatos, e portanto submetidas ao procedimento da perícia. Um grande número delas conseguiu assim evitar ser engolido pela engrenagem da perícia generalizada ao manter conselhos de redação clássicos, no seio dos quais os textos são selecionados sem que seja sistemático o recurso ao anonimato e em função das qualidades reais dos autores. Mas por quanto tempo?

Não foi no entanto o caso de *L'Évolution Psychiatrique*, que preferiu, em virtude de seu apoio ao *DSM*, submeter-se inteiramente aos critérios impostos pelas revistas médicas consideradas "científicas".

Esse sistema de classificação das competências científicas foi criado em 1957 por Eugene Garfield, médico norte-americano, pesquisador na Universidade Johns Hopkins, que se atribuíra como missão eliminar toda forma de afeto ou de subjetividade dos critérios de seleção dos pesquisadores a fim de "fabricar prêmios Nobel".

Para falar mais concretamente, um universitário do nível de Michel Foucault, cuja contribuição às diferentes disciplinas da psicopatologia, da psiquiatria, da psicanálise ou da psicologia clínica seria reconhecida mundialmente, traduzida em quarenta línguas e comentada em todas as universidades de todos os países do mundo, não teria atualmente chance alguma de ser diplomado como professor de psicologia na França. Sua obra seria na verdade julgada "literária" ou "filosófica", e portanto rechaçada da especialidade. Pior ainda, ele seria obrigado, caso teimasse em postular, a esquecer seus livros e publicar pelo menos uma dúzia de artigos submetidos à perícia nas revistas "indexadas".

Pude fazer a experiência desse sistema no seio de *L'Évolution Psychiatrique* por ocasião da primeira reunião do conselho, a única à qual aceitei assistir. Naquele dia, assustada com o que estava descobrindo, perguntei ao redator-chefe e aos outros membros – transformados em peritos – se ousariam, por exemplo, recusar a Claude Lévi-Strauss um artigo a ele encomendado se um dos peritos, ignorando o nome do autor, o tivesse considerado "não científico". Esperava provocar uma gargalhada geral. Porém, com um sorriso largo, o redator-chefe respondeu-me pela afirmativa, manifestamente seduzido pela idéia de, nem que fosse uma única vez na vida, recusar um artigo encomendado a um dos grandes pensadores de nosso tempo...

Alguns colegas sentiram-se então incomodados. Outros, ao contrário, rejubilaram-se enaltecendo os méritos daquele maravilhoso princípio igualitário que permitia finalmente rastrear os falsos valores e demonstrar cientificamente que pensadores reconhecidos não passavam na realidade dos detentores de um poder editorial "midiático-político" que, ao mesmo tempo em que os fazia passar por verdadeiros cientistas, reduzia os "verdadeiros" pesquisadores a um anonimato humilhante. Declarei então, de minha parte, que preferia nunca publicar nada na revista que me cooptara como "perita". Para meu grande espanto, o redator-chefe me respondeu: "Mas, para a senhora, querida amiga, abriremos uma exceção." Começou então uma discussão entre todos os membros do comitê, e cada um admitiu que aquelas avaliações sob anonimato eram mero fingimento na medida em que os leitores designados como peritos não raro eram eles próprios membros do comitê de *L'Évolution Psychiatrique* e que avaliavam, *de facto*, textos escritos ora por outros membros, ora por pessoas próximas. Tinham portanto o hábito de identificar o autor com a ajuda de dois critérios: o estilo, verdadeiro estigma de uma personalidade, e o modo de redação das citações de rodapé (cada autor de fato tem a sua, distinta da dos outros).

Intrigadíssima, perguntei então aos membros dessa prestigiosa revista por que tinham adotado procedimento tão rígido, já que não paravam de infringi-lo. "Mas afinal de contas, disse eu, quem tem o direito de se autorizar a decidir pela validade de um texto, e quais são os critérios selecionados? Quem está habilitado a decidir por uma exceção e qual é o status de um autor que se beneficia dessa exceção?" Não recebi resposta. Entretanto, o redator-chefe declarou-me ser um "fundamentalista" nesse tipo de procedimento "igualitário" e "científico", enquanto o secretário de redação, hoje redator-chefe, me afirmou – confidencialmente – que tudo aquilo era apenas fingimento, que aliás todo mundo sabia e que aquele procedimento era imposto pelo CNU. Como revista indexada de ciências sociais, *L'Évolution Psychiatrique* era assim obrigada a se submeter à "cientificidade" imposta pelas mais altas instâncias da escola republicana.

Na seqüência dessa conversa, atribuíram-me a tarefa de avaliar um texto, que chegara pelo correio, intitulado "Enfraquecimento das funções do pai e suplências de autofundação na psicose: o crime de Louis Althusser". Tratava-se de uma espécie de pastiche da obra de Pierre Legendre escrita em patagônio lacaniano – em suma, um trecho antológico digno de uma peça de Molière revista e corrigida por Sokal e Bricmont*. Entre outras tolices, o autor explicava que Althusser passara sua vida "mascarando seu mal-estar profundo" e que apenas o método "casuístico permitia apreender" tal história.

---

*Alan Sokal e Jean Bricmont, autores de *Imposturas intelectuais* (Rio de Janeiro, Record, 1999), livro que acusa de fraude a obra de pensadores franceses do peso de Jacques Lacan, Michel Foucault, Gilles Deleuze, Felix Guattari e Jacques Derrida, entre outros. Virando-se contra o feiticeiro, a iniciativa dos autores ficou conhecida como "embuste de Sokal". (N.T.)

Na realidade, estavam me mandando avaliar um texto cuja publicação poderia ter sido vetada a uma simples leitura, sem que fosse necessária a menor perícia. Por que então fazer com que eu perdesse tempo? Só mais tarde compreendi. No sistema da perícia generalizada, as revistas indexadas devem fornecer a prova de que recusam anualmente um número suficiente de textos para verem progredir seu famoso *impact factor*.

Logo me confrontei, por minha vez, com o Big Brother da perícia, quando o diretor do serviço literário de *L'Évolution Psychiatrique*, outro ardoroso defensor da "cientificidade" do trabalho intelectual, decidiu preparar um número especial da revista sobre Lacan, por ocasião do centenário de seu nascimento. Dirigiu-me a encomenda de um artigo por conta de meus títulos universitários. A carta estipulava que eu deveria me submeter, com o dito artigo que me exigiam num prazo de três semanas, a uma leitura anônima a ser procedida por pelo menos um membro do comitê do qual eu própria fazia parte. De certo modo estavam me propondo redigir um artigo que talvez acabassem decidindo não publicar, caso não fosse reconhecido como "cientificamente correto".

Quem estaria habilitado, no seio do comitê, a avaliar meu artigo? Era esta a verdadeira pergunta... à qual ninguém soube responder. Uma vez que admitiam que todos os membros do comitê eram capazes de reconhecer o autor de um texto, com a ajuda dos dois critérios evocados acima, decidiram finalmente mandar meu texto futuro ser avaliado por um perito externo à revista: "Mas por quem? repliquei. Todos os especialistas atuais do meio lacaniano se conhecem entre si e todos têm interpretações divergentes e altamente polêmicas da obra do mestre. Todos reconheceriam meu estilo como eu reconheceria o deles, caso fosse encarregada, por um movimento de equilíbrio, de ler, por minha vez, os textos que entregassem à revista para o número do centenário. Como conseqüência, o anonimato, princípio básico dessas leituras 'indexantes', cairia novamente no ridículo." De nada serviram minhas observações, e, em junho de 2001, pedi demissão da comissão sem ter escrito um único artigo.

Desde que a mania da perícia abateu-se sobre essa prestigiosa revista, não encontramos mais ali senão artigos sem estilo, sem alma – ou, muito simplesmente, ilegíveis. O conteúdo diminui a cada tiragem. E à medida que as disciplinas da psique desaparecem pelo funil de um discurso com aparato de segurança, aferrolhado, acorrentado, os editoriais transformam-se em autoglorificações dignas das homilias da Academia de Ciências da antiga União Soviética. Como comprova o mais recente: "Com um número de assinantes em expansão e a venda impulsionada por sua postura, *L'Évolution Psychiatrique* aumentou consideravelmente sua visibilidade e sua difusão. Atesta isso a progressão de seu *impact factor*, que acaba de ganhar vários pontos etc."[31]

Para compreender direito os estragos provocados por essa ideologia da perícia, convém relatar brevemente o que foram as diferentes etapas da profissionalização dos psicólogos e da implantação do ensino da psicanálise na universidade pela via da psicologia clínica.

Durante o entre-guerras, a psicologia deixou de ser uma simples disciplina universitária, encurralada entre a filosofia de um lado, da qual dependia no plano teórico, e a medicina do

---

[31] *L'Évolution Psychiatrique*, out-dez 2003, vol.LXVIII, nº4.

outro, que lhe emprestava determinadas técnicas. Em 1920, foi efetivamente reconhecida como uma disciplina terapêutica habilitada a formar clínicos. Henri Pieron criou então o Instituto de Psicologia, que compreendia diversas seções: psicologia do trabalho, psicologia e pedagogia da criança, psicologia clínica e patológica e psicologia experimental. Com diplomas reconhecidos pelo Estado, os psicólogos tiveram como tarefa essencial servir como auxiliares da profissão psiquiátrica – a fim de permitir à instituição escolar separar as crianças consideradas "anormais", da alçada da medicina (idiotas, débeis, deficientes, enfermas motores-cerebrais etc.), das crianças "retardadas" e suscetíveis de serem reeducadas.

Em 1947, Daniel Lagache foi encarregado pelo Ministério da Educação Nacional da implantação de uma licença de psicologia de cunho profissional e inteiramente independente de qualquer curso filosófico. Daí a criação de novos ramos da psicologia: psicopatologia clínica, psicopatologia geral, psicofisiologia normal ou patológica etc.

Empenhado em implementar uma política de unidade da psicologia, Daniel Lagache foi também, como psicanalista membro da SPP, depois fundador da Société Française de Psychanalyse (SFP), o primeiro a introduzir o ensino universitário da psicanálise num âmbito que não o da psiquiatria. Nesse contexto, a disciplina freudiana não escapava à influência do poder médico senão para cair sob a dominação de um saber que não era o seu e cuja unidade permanecia fictícia. Pois, embora viesse alimentar os princípios de uma psicologia clínica centrada nas condutas e nos comportamentos, e inscrita na tradição de Pierre Janet, nem por isso ela deixava de ficar encaixotada entre os diversos ramos da psicologia, ela própria dividida entre uma orientação experimental, uma outra mais social e uma terceira nitidamente fisiológica, neurológica ou biológica.[32]

Durante longos anos, os psicólogos não conseguiram assumir um status legal que lhes permitisse praticar fosse a psicanálise, quando eram devidamente formados para isso, fossem psicoterapias inspiradas pela psicologia clínica (reservadas aos psiquiatras). E quando transgrediam a proibição, eram perseguidos pelo Conselho da Ordem por exercício ilegal da medicina. Assim, tiveram que enfrentar, eles também, por parte de seus primos médicos, a acusação de charlatanismo que agora pesa sobre seus irmãos e semelhantes: os psicoterapeutas não diplomados.

Depois de anos de luta, os psicólogos acabaram obtendo dos poderes públicos o status reivindicado. A partir de julho de 1985,[33] começaram, em virtude de diversas legislações, a se integrar às outras profissões da saúde, tornando-se assim, em detrimento dos psiquiatras, majoritários nas associações de psicanálise. Agrupados em poderosos sindicatos, os psicólogos elaboraram, como os psicoterapeutas, um número impressionante de textos "deontológicos" visando definir sua profissão, circunscrever suas atividades e excluir de suas fileiras... os "charlatães".

À medida que aumentava a reivindicação profissional dos psicólogos, os psicanalistas desenvolviam sua própria política

---

[32] Sobre a história das relações entre psicólogos e psicanalistas, cf. Elisabeth Roudinesco, *Histoire de la psychanalyse en France*, op.cit.; Annick Ohayon, *L'Impossible rencontre*, Paris, La Découverte, 1999; e Marie-Claude Lambotte (org.), *La psychologie et ses applications pratiques*, Paris, LGF, Le Livre de Poche, 1995. Cf. também *États généraux de psychologie*, 23-24 mar 2001 (dossiê de imprensa).

[33] A lei de 25 de julho de 1985 esclarece que "o uso profissional do título de psicólogo, acompanhado ou não de um qualificativo, é reservado ao titular de um diploma, certificado ou título que avalize uma formação universitária fundamental de alto nível em psicologia, que prepare para a vida profissional e figure em uma lista fixada por decreto em Conselho de Estado".

de implantação universitária. Num primeiro tempo, entre 1947 e 1968, através de Daniel Lagache, Didier Anzieu ou Juliette Favez-Boutonier, todos os três membros da Association Psychanalytique de France (APF), passaram a utilizar o veio da psicologia clínica como vetor do desenvolvimento de suas associações no campo da universidade. Formados por psicanalistas diplomados em psicologia, os estudantes eram então dirigidos para as escolas psicanalíticas às quais pertenciam seus professores. Cada escola possuía assim seu "bastião" universitário. Composta durante muito tempo por uma maioria de psiquiatras, a SPP implantou-se mais nas faculdades de medicina, ao passo que a APF impunha seu poder nos departamentos de ciências humanas. Ambos os grupos, filiados à IPA e hostis aos lacanianos, transferiram assim suas querelas para o seio das instituições públicas que os acolhiam, as quais se tornaram anexos das sociedades psicanalíticas.[34]

Entretanto, depois de 1968, sob a influência de Jean Laplanche, depois de Pierre Fedida e, finalmente, de Roland Gori, esse movimento se inverteu. Os psicanalistas instalados nas universidades tentaram então, primordialmente, escapar de suas respectivas instituições, julgadas esclerosadas ou dogmáticas. Às vezes, inclusive, renunciaram ao seu vínculo associativo,

---

[34] Criado por Serge Leclaire em 1969, dirigido em seguida por Lacan em 1974, e depois por Jacques-Alain Miller, o Departamento de Psicanálise da Universidade de Paris-VIII (Saint-Denis) é integrado ao de Filosofia. Como conseqüência, os clínicos ali formados, caso não sejam, além disso, detentores de diplomas de psicologia ou de medicina, não podem ser qualificados como profissionais da saúde. Assim, são considerados "charlatães" tanto pelos freudianos hostis ao lacanismo como pelos psicólogos antifreudianos, adeptos das figas e dos amuletos, formados no centro Georges-Devereux, na mesma universidade, ou os fanáticos das TCC, que consideram impostores todos os freudianos.

preferindo a liberdade universitária ao aquartelamento associativo. Instaurou-se assim uma sutil relação, interna à disciplina freudiana, entre duas concepções de laicidade: uma voltada para a noção de que apenas as associações psicanalíticas seriam detentoras de uma transmissão *leiga* da disciplina, centrada na clínica, e a outra, ao contrário, orientada pela noção de que só a universidade poderia propiciar à disciplina-rainha um ensino *leigo* independente das paróquias psicanalíticas.

A partir dos anos 1990, todas as nomeações universitárias emanadas da XVI Seção do CNU foram submetidas ao poder baço da perícia e da avaliação. Como conseqüência, doravante, quanto mais as publicações de um candidato são julgadas "cientificamente corretas", segundo os critérios das revistas "com conselho de redação anônimo", mais ele tem chances de obter um posto. Compreende-se então por que, contestada por uma psicologia cada vez mais experimentalista, cognitivista ou comportamentalista, a psicologia clínica clássica tem fortes chances de desaparecer do ensino universitário, logo seguida pela psicanálise – todas as tendências misturadas –, e ser substituída pelas TCC.

Pois este é de fato o projeto do ministro benevolente que se pretende o protetor na França da disciplina-rainha. Em função dessa política, veementemente condenada por Roland Gori, pergunta-se por que motivo os psicanalistas entregadores de anuários, entre os quais alguns são universitários, contribuíram para o seu próprio aniquilamento. Será que ao serem obrigados a ensinar os princípios das TCC na universidade irão mudar de opinião e terão menos medo de serem engolidos pelos psicoterapeutas sem controle? Expulsos da Cidade? Mas quem, então, irá socorrê-los?

V ∼ Do bom e do mau governo

"Não sei, escrevia Freud em 1928 dirigindo-se ao pastor Oskar Pfister, se o senhor percebeu o elo secreto entre a 'Análise pelos não-médicos' e 'A ilusão'. No primeiro quero proteger a análise contra os médicos, no outro contra os padres. Gostaria de atribuir a ela um status ainda inexistente, o status de pastor de almas *secular* que não teria necessidade de ser médico nem o direito de ser padre." E adiante: "Parece-me que a análise enquanto tal deve ser um assunto puramente 'secular'. Por sua essência, ela é estritamente privada e não produz valores diretamente."[1]

Assim, Freud não julgava que a psicanálise pudesse ser uma "profissão". Via-a antes, do ponto de vista teórico, como sistema de pensamento, e, do ponto de vista clínico, como arte. Por conseguinte, a seu ver, sua laicidade somente podia ser garantida pela existência de instituições específicas. Mas se concebia a psicanálise como uma disciplina totalmente à parte, irredutível a uma atividade de cura ou a uma profissão da saúde, Freud também assinalava que ela se assemelhava a uma psi-

---

[1] *Correspondance de Sigmund Freud avec le pasteur Pfister (1909-39)*, Paris, Gallimard, 1966. Freud faz alusão à "Questão da análise leiga" e ao *Futuro de uma ilusão*.

coterapia e que, quanto maior sucesso tivesse junto às massas, mais seria obrigada a se adaptar a novas realidades sociais e, portanto, a se aproximar do que caracteriza a psicoterapia: a cura imediata dos sintomas e a resposta à demanda de bem-estar do paciente: "Tudo leva a crer, dizia, que, em vista da aplicação em massa de nossa terapêutica, seremos obrigados a misturar ao ouro puro da análise uma quantidade considerável do cobre da sugestão direta."[2]

Essas duas afirmações freudianas atestam a contradição inerente ao status da psicanálise.

Com efeito, se o psicanalista é um "pastor de almas secular", seu status é o de uma espécie de filósofo socrático, amador e leigo, não podendo portanto, em hipótese alguma, ser assimilado a um terapeuta, e menos ainda a um profissional da saúde. Porém, ao tratar seus pacientes numa perspectiva psicopatológica, age como terapeuta e sua prática é da alçada, pelo menos nos Estados democráticos, de uma política de saúde pública.

Se há uma contradição inerente à situação de psicanalista – pastor de almas secular por um lado, terapeuta por outro –, há uma outra, igualmente importante, entre o status laico de uma disciplina psicanalítica e seu modo de transmissão.

Em alemão, o termo *laien*, utilizado com mais freqüência por Freud para definir a psicanálise leiga (*Laienanalyse*), pode ser empregado para designar o que é profano, isto é, alheio ao religioso e ao sagrado. Nessa acepção, opõe-se à noção de laicidade, pois implica a idéia de desencantamento, de desilusão, mas também de incompetência. Ser profano não é ser iniciado

---

[2] Sigmund Freud, "As perspectivas futuras da terapia analítica" (1910), *ESB*, vol.11.

em uma arte ou prática, mas ser também um amador. Dizendo de outra forma, o termo *Laienanalyse* reúne três significações diversas: o leigo, o profano e o amador, logo o incompetente. E no entanto é reivindicada de maneira positiva por Freud.

Em francês, os dois termos – *laïque* e *profane* – não se interpenetram. Pois a noção de laicidade remete tradicionalmente ao que não faz parte do clero. Além disso, a partir da Revolução de 1789, depois com a lei de 1905 sobre a separação entre Igreja e Estado, o termo laicidade passa a assinalar, se não um anticlericalismo, pelo menos um engajamento político a favor de uma liberdade concebida segundo um modelo de recusa de todo controle religioso sobre o corpo da nação e sobre a consciência dos cidadãos.

Nessa perspectiva, a psicanálise pode ser dita profana, caso praticada por amadores não pertencentes a uma corporação profissional, sem com isso ser dita leiga, isto é, radicalmente engajada contra a religião em uma luta pela cidadania. Porém, se psicanálise pretende ser ao mesmo tempo profana e leiga – isto é, praticada por amadores e autônoma em relação a qualquer religião e portanto aos padres –, ela deve unir em um único vocábulo duas designações diferentes que não têm muita coisa a ver uma com a outra senão que ambas se opõem ao sagrado e à religião.[3] Mas como um psicanalista pode permanecer um "amador" a partir do momento em que todo terapeuta é assimilado, nos Estados democráticos, a um profissional da saúde?

---

[3] Marie Bonaparte traduzira o termo por "psicanálise praticada por não-médicos". Seus sucessores sugeriram a expressão "análise leiga", e atualmente fala-se mais de análise profana. Em inglês, diz-se *lay-analysis*.

Num texto de 1919 dedicado à transmissão da psicanálise, Freud aponta que esta pode muito bem ser ensinada na universidade: como disciplina, ela não precisa do tratamento para existir, e seus conceitos podem ser elaborados, reinventados, criticados, transmitidos fora de qualquer trabalho clínico. Se tal ensino pode ser instituído, prossegue Freud, poderia não apenas fecundar as outras disciplinas, como ajudar os médicos a compreender melhor os problemas psíquicos de seus pacientes, o que lhes evitaria o recurso a charlatães. Em contrapartida, Freud reafirma que apenas a travessia da análise pode propiciar a formação clínica e didática de um psicanalista.

Nessa época, ele considera que apenas os psicanalistas formados no seio da IPA, isto é, segundo critérios definidos por uma instituição privada auto-referenciada, estão habilitados a ensinar a psicanálise na universidade. Em outras palavras, a *laicidade* da psicanálise, isto é, sua independência em relação a todo poder – religioso, estatal, médico, universitário –, decorre, segundo ele, do fato de que está "excluída da universidade", pois, afirma, o que produziu sua organização *leiga* foi essa própria exclusão: "E se esta se mantiver no futuro, certamente continuará a funcionar de maneira satisfatória."[4]

Naturalmente, embora Freud tivesse razão ao preservar a formação clínica dos psicanalistas de toda forma de controle religioso, médico ou estatal, em contrapartida enganou-se completamente sobre o que viria a acontecer com as relações da psicanálise com o Estado: com a universidade, de um lado, com as políticas de saúde pública, de outro.

---

[4] Sigmund Freud, "Sobre o ensino da psicanálise nas universidades", *ESB*, vol.17.

Isso se deve ao desconhecimento – e ao de seus herdeiros – da própria essência da universidade. Oriunda do grande modelo europeu medieval, a universidade, tal como foi reformulada pela quase totalidade das sociedades democráticas modernas, repousa sobre uma exigência única segundo a qual todo Estado deve reconhecer *incondicionalmente* sua liberdade, ou seja, o direito daqueles que a ela são ligados, como professores ou estudantes, de dizer publicamente tudo o que requer uma pesquisa, um saber ou um pensamento da verdade.[5] Ora, esse princípio de incondicionalidade está em flagrante contradição não com a disciplina freudiana como saber transmissível segundo critérios "objetivos", mas com a concepção de laicidade reivindicada pelas associações psicanalíticas. Estas, com efeito, sempre se viram como "proprietárias" do saber freudiano e como as únicas habilitadas a dizerem sua verdade, a ponto, por sinal, de designarem como "charlatão" ou "intelectual autoproclamado" todo escritor, pesquisador ou universitário que pretendesse se dizer freudiano ou trabalhar sobre o corpus freudiano sem pertencer a uma confraria rotulada.

Tal concepção de laicidade não tem, de fato, nada de "leigo". Pois se é legítimo que tais associações psicanalíticas sejam habilitadas a formar livremente terapeutas, segundo critérios definidos por elas e fora de qualquer âmbito estatal, é impensável que possam se proclamar detentoras exclusivas de uma disciplina que doravante pertence a toda a humanidade. Se a psicanálise não é um saber oculto cujo ensino deveria ser reservado a associações privadas, Igrejas, confrarias ou seitas, ela se torna necessariamente uma disciplina totalmente à parte. Por

---

[5] Cf. Jacques Derrida, *L'Université sans condition*, Paris, Galilée, 2001.

conseguinte, nada se opõe a que seja ensinada na universidade, de forma realmente leiga, por professores diplomados e não psicanalistas que desejassem fazer dela objeto de estudo e de pesquisas: psicólogos, filósofos, literatos, antropólogos ou historiadores. Mas como saber oculto, difundido por confrarias, ela seria absolutamente incapaz de se instituir como disciplina leiga (no sentido da laicidade universitária).

Como se vê, as coisas não são simples. Pois se a psicanálise nunca foi reconhecida pelas instituições do Estado como uma disciplina autônoma, do mesmo modo que a psicologia, a sociologia ou a antropologia, foi precisamente porque não é inteiramente laicizada, permanecendo, em parte, em virtude de sua ancoragem numa formação de tipo "iniciático", propriedade das associações psicanalíticas.

Na França, país ao mesmo tempo freudiano e laico por excelência, não existe nenhuma cátedra de psicanálise nas altas instituições da República, onde sempre foi objeto de ostracismo: nem na École des Hautes Études, nem no Collège de France.[6] Com isso, a psicanálise freudiana é ensinada na universidade, como vimos, de forma indireta, se não oficiosa, nos departamentos de ciências humanas ou de letras. E para que os clínicos que a praticam possam ser qualificados como profissionais da saúde, também é preciso que sejam titulares de diplomas. Caso contrário, só poderão exercer sua arte como "amadores": em outras palavras, no privado, não em instituições públicas.

Tudo se passa portanto como se, à força de se pretender *profana* ou *leiga*, isto é, independente de qualquer poder estatal,

---

[6] Cf. Michel Plon, "Une place introuvable", in *La psychanalyse: chercher, inventer, réinventer* (coletivo), Ramonville-Saint-Agne, Érès, 2004.

médico ou religioso, a psicanálise tivesse se tornado clerical de um lado, em virtude de sua enfeudação em associações privadas, e profissionalizada de outro, em virtude da inserção de seus clínicos em um status de terapeuta subordinado ao Código de Saúde Pública.

E eis por que de fato vigora atualmente um verdadeiro antagonismo entre a universidade e as sociedades psicanalíticas. Não sendo mais os bastiões ou os anexos dessas sociedades, os departamentos de psicologia clínica são provavelmente mais "laicos" que as paróquias psicanalíticas preocupadas em ser protegidas pelo Estado. Porém, para que o permaneçam também seria preciso que conseguissem escapar à ideologia da perícia imposta pelos outros ramos da psicologia.[7]

Essa situação de exclusão e inclusão imprime uma estranha fisionomia à disciplina freudiana. Ao mesmo tempo externa às instituições estatais, que a toleram, e interna à cada disciplina que a leva em conta, ela se parece com um saber nômade, indefinível, subversivo, perturbador, sempre acampado na fronteira e incessantemente ameaçado de charlatanismo. Forasteira, sem passaporte, sem documento e no entanto reconhecida, celebrada ou odiada, a psicanálise é um *phármakon* de que os Estados democráticos não cessam de querer se desvencilhar, sem jamais consegui-lo. E é por esta razão que os psicanalistas sempre e em toda parte adquiriram diplomas capazes de protegê-los de qualquer ingerência do Estado em sua prática.

À medida que vão desaparecendo os grandes mestres do pensamento, únicos capazes de efetuar uma renovação da dou-

---

[7] Esta é a reivindicação de Roland Gori.

trina, as sociedades psicanalíticas, todas as tendências misturadas, transformaram-se em corporações de profissionais. Como conseqüência, deixaram de ser aquelas escolas socráticas de tipo "profano" onde se transmitia, a uma elite renovada, um saber científico, filosófico e literário de alto nível, para se tornarem progressivamente, sem sequer se darem conta, associações de profissionais da saúde. E no entanto, como aponta Jacques Derrida, a "situação analítica, em suas premissas mínimas", deveria permanecer "indiferente a todo cuidado de saúde pública, até mesmo ..., e a coisa é tão difícil quanto debatida, a todo cuidado estritamente terapêutico, à questão de uma certa normalidade designada como 'saúde' em geral, antes mesmo de sua especificação como 'saúde pública'."[8]

Compostas atualmente em sua maioria por psicólogos clínicos que adquiriram por conta própria o status de profissionais da saúde, essas sociedades não têm mais aspiração intelectual, ainda que contem em suas fileiras com excelentes clínicos seriamente formados. Elas preferiram, como fizera Ernest Jones, dedicar-se a determinar as condições sociais do exercício da psicanálise a dizer "o que é a psicanálise e o que não poderia ser sem se perder".[9] Quanto aos membros das "boas" sociedades lacanianas, agora subordinadas à IPA, o luto da figura do mestre levou-as não à sabedoria ou à reconciliação com a ética freudiana, mas à normalização profissional e, finalmente, por auto-imunização, à raiva dos "outros".

---

[8] Jacques Derrida, "Substitutions", *Toxicomanie et devenir de l'humanité*, Paris, Odile Jacob, 2001.
[9] Michel Schneider, "La 'question' em débat", in Sigmund Freud, *La question de l'analyse profane*, op.cit., p.178 [ed. bras.: *ESB*, vol.20].

Essas sociedades não querem mais mudar o mundo, nem transmitir a seus adeptos qualquer ideal de liberdade ou de rebelião que seja, nem mesmo se engajar na menor tentativa política de contestação do biopoder. Elas defendem sua prática e a exclusividade clínica como se nada mais existisse além do divã ou do consultório senão o terror do desemprego ou da concorrência. Assim, fecharam-se a todas as lutas de emancipação provenientes da sociedade civil: luta das mulheres, luta dos oprimidos, luta dos homossexuais, luta dos intelectuais etc. Pois elas abandonaram a mensagem freudiana original para se converter à nova ordem do liberalismo de Estado fundado na ideologia da perícia, do cientificismo e da adesão a normas impostas do exterior. Além disso, para se protegerem de qualquer olhar crítico, produzem relatos hagiográficos e histórias piedosas destinadas a provar a seus membros, preocupados com seu futuro, que tudo vai bem no melhor dos mundos.[10]

Naturalmente, essas sociedades, como os prisioneiros da caverna, continuam a sonhar com seu esplendor passado. E simultaneamente, ao buscarem apoio do lado do poder público, responsabilizam os psicoterapeutas, os marginais, os independentes, os não-inscritos, os "maus lacanianos", os charlatães...

Em diversos países democráticos, porém mais ainda na Europa ou nos Estados Unidos, onde adquiriram grande poder social, as sociedades psicanalíticas submeteram-se aos diferentes sistemas estatais ou administrativos que visavam reduzi-las a meras corporações de saúde em nome da "segurança" das populações. Elas se assemelham agora aos pacientes dos quais se ocupam: aspiram a ser livres para se governarem sem ingerên-

---

[10] Cf. Marilia Aisenstein, "La psychanalyse va mieux", *Libération*, 9 mar 2004.

cia do Estado, mas também exigem que o Estado as proteja contra os charlatães.

Em 1927, por ocasião do grande debate sobre a análise leiga, que opôs os partidários de uma enfeudação da psicanálise na medicina aos que preferiam que ela permanecesse externa a esta, duas argumentações importantes foram apresentadas que hoje merecem reflexão. Ernest Jones achava que, sob a jurisdição da medicina – disciplina-rainha –, a psicanálise poderia absorver todas as outras terapias psíquicas (psicologia, psicoterapia, psiquiatria), tornando-se assim, por sua vez, a doutrina imperial nesse domínio. Freud, ao contrário, temia que essa enfeudação matasse a própria essência da psicanálise enquanto sistema de pensamento: "Quero estar seguro de que vão impedir a terapêutica de matar a ciência", dizia. Igualmente previa que, num futuro radioso, o movimento psicanalítico viria a criar escolas específicas similares às grandes instituições universitárias européias e capazes de ensinar todas as disciplinas necessárias à formação de um analista que não seria apenas clínico, mas homem de ciência, humanista, culto, letrado.

Nem Jones nem Freud tinham imaginado o que se seguiria. Não apenas a psicanálise, mesmo sob a jurisdição da medicina, não conseguiu se impor às psicoterapias, como nunca pôde ser ensinada naquelas famosas escolas com que Freud sonhava.[11] Como ele temia, "a terapêutica matou a ciência" e os psicanalistas tornaram-se profissionais da saúde.

Em conseqüência, para sua infelicidade, a psicanálise, tal como é atualmente transmitida por suas associações, tornou-

---

[11] Na França, René Major retomou esse projeto propondo a criação de um Institut des Hautes Études en Psychanalyse. Os psicoterapeutas fizeram o mesmo ao planejarem a criação de um Institut des Hautes Études en Psychothérapie.

se o equivalente de uma psicoterapia, passando a ser exclusivamente técnica e clínica. E, ao renunciar a não serem mais que profissionais da saúde, os psicanalistas juntaram-se aos psicoterapeutas, seus irmãos inimigos, que sempre se viram como escutadores do sofrimento da alma e que, em virtude disso, sempre almejaram, ao contrário dos psicanalistas, que seu status fosse reconhecido pelo Estado da mesma forma que o de psicólogo.

Em quarenta e cinco países do mundo, eles assim se organizaram para reclamar do poder público o reconhecimento de sua atividade, que designam da seguinte forma: "A psicoterapia é a aplicação sistemática de métodos precisos no tratamento do sofrimento psíquico e das doenças psicossomáticas, bem como por ocasião das crises existenciais, de origens diversas. O fundamento do tratamento é a relação entre o psicoterapeuta e seu paciente ou seu cliente em termos não médicos. O grupo-alvo da psicoterapia compreende as pessoas que sofrem de problemas emocionais, mas também as que gostariam de alargar suas possibilidades de ação social e introspectiva. Assim, a psicoterapia verifica-se, em numerosos casos, preventiva."[12]

Seguindo o exemplo dos psicanalistas, os psicoterapeutas adotaram como critérios de formação a terapia pessoal, equivalente da psicanálise didática, a supervisão (ou controle), que permite a um candidato prestar contas de sua prática a um terapeuta habilitado, e, finalmente, o ensino teórico e doutrinal. Tal qual os psicanalistas, agrupam-se em múltiplas associações

---

[12] *Globalized psychotherapy*, obra coletiva, Viena/Londres, 2002.

internacionais ou federativas e, como aqueles, quando possuíam diplomas reconhecidos pelo Estado, conseguiram implantar um ensino na universidade, abordando por exemplo sua história ou suas técnicas. Enfim, classificaram as psicoterapias em sete correntes, entre as quais incluíram as grandes escolas de psiquiatria: psicanálise, psicologia analítica, psicologia clínica, psicologia individual. A que acrescentaram as abordagens comportamentais, as terapias familiares sistêmicas, as abordagens "humanistas", "hipnóticas" de relaxamento e, finalmente, as terapias "integrativas".

Quanto aos psicanalistas, ultrapassados pelos psicoterapeutas, também decidiram reivindicar ao Estado ora um reconhecimento específico que os distinguiria de seus irmãos inimigos, ora um credenciamento que os faria ingressar, por sua vez, na corporação dos profissionais da saúde.

Diante dessa dupla demanda, e no contexto de uma extensão da ideologia da perícia promovida pelas políticas de saúde pública, os Estados democráticos reagiram de três maneiras: seja por uma legislação de tipo liberal, acompanhada ou não de um procedimento "de credenciamento" (Estados Unidos, Reino Unido), e autorizando as associações concernidas a se auto-regulamentar e se auto-avaliar segundo seus próprios critérios; seja ao impor um controle autoritário (Alemanha), que transfere essas associações para o controle de um biopoder normalizante exercido por membros do corpo médico; seja ao criar um status legal da profissão de psicoterapeuta, dependente ou não de um monopólio atribuído ao poder médico (Áustria, Itália).

Nos Estados Unidos, à medida que a psiquiatria soçobrava no biologismo farmacológico, os psicanalistas, sem com isso denunciarem a deriva para a qual, aliás, tinham colaborado,[13] aproximaram-se dos psicólogos para ser melhor reconhecidos como verdadeiros psicoterapeutas, eles próprios auto-organizados ou "credenciados" e detentores de diplomas diversos: educadores, enfermeiros, médicos, psiquiatras, psicólogos, assistentes sociais etc.

Entre 2000 e 2003, criaram um Conselho de Credenciamento para o Ensino da Psicanálise, o Psychoanalytic Consortium,[14] o que os levou a definir as modalidades específicas de formação selecionadas em seus institutos. Assim como os psicoterapeutas, aceitaram em suas fileiras candidatos oriundos das diversas profissões da saúde. À psicanálise conferiram o status de uma psicoterapia particular, esquecendo-se de que é acima de tudo uma disciplina totalmente à parte, não redutível a uma técnica de tratar: "A psicanálise é uma forma específica de psicoterapia individual que tem por objetivo trazer à consciência os elementos e processos mentais inconscientes a fim de ampliar a compreensão do indivíduo, melhorar a adaptação nas múltiplas esferas de funcionamento, aliviar os sintomas da desordem mental e facilitar a transformação do caráter e do desenvolvimento emocional. O trabalho psicanalítico caracteriza-se pela profundidade e a intensidade, ins-

---

[13] Foram com efeito os psicanalistas que elaboraram o *DSM*. Cf. Stuart Kirk e Herb Kutchins, *Aimez-vous le DSM? Le triomphe de la psychiatrie américaine* (Nova York, 1992), Le Plessis-Robinson, Synthélabo, col. Les Empêcheurs de Penser en Rond, 1998, e Elisabeth Roudinesco, *Pourquoi la psychanalyse?*, op.cit.

[14] O documento fundador do Psychoanalytic Consortium foi ratificado pela American Academy of Psychoanalysis, o National Membership Committee on Psychoanalysis Social Work, a Division of Psychoanalysis da American Psychological Association, e a American Psychoanalytic Association, componente regional da IPA.

tauradas no âmbito de sessões freqüentes durante um longo período."[15]

Assim é que, se por um lado os psicoterapeutas do mundo inteiro classificam a psicanálise entre as psicoterapias, os psicanalistas norte-americanos a designam como uma terapia. Onde está a diferença?

Foi sem dúvida porque se tornaram psicoterapeutas entre outros que os psicanalistas norte-americanos perderam sua identidade. Como todos os profissionais da saúde, eles são vítimas da judiciarização excessiva, que vem transformando de ponta a ponta, desde 1975, as relações entre os terapeutas e os pacientes. Acusados de abusos, ameaçados por processos quando não conseguem impedir o suicídio de um paciente, avaliados permanentemente por peritos incompetentes que pretendem testar a eficácia dos tratamentos com a ajuda de placebos, ou perseguidos por pais muitas vezes descontentes com os tratamentos propostos a seus filhos, eles desertaram a pesquisa erudita e fundamental. Sabemos, com efeito, que os melhores trabalhos norte-americanos sobre Freud, sobre a psicanálise e sua história e sobre suas relações com as ciências humanas são agora efetuados, nas grandes universidades de letras, por pesquisadores de alto nível, que não são psicanalistas nem sequer analisados e que, não raro, não mantêm contato algum com as corporações psicanalíticas.

---

[15] Psychoanalytic Consortium, documento fundador. Cf. também Paola Mieli, "Quelques considérations relatives au rapport du Psychoanalytic Consortium sur la formation psychanalytique. Lettre ouverte aux collègues américains", inédita [publicado no Brasil in Coutinho Jorge, Marco Antonio (org.), *Lacan e a formação do psicanalista*, Rio de Janeiro, Contracapa, 2004].

Trinta anos depois da Segunda Guerra Mundial, a Áustria estava em vias de se tornar o maior bastião das psicoterapias, ao passo que a Grã-Bretanha de um lado e a França de outro permaneciam os dois países mais freudianos da Europa, o primeiro em virtude de sua excepcional tradição clínica (Melanie Klein, Anna Freud, Winnicott etc.), o segundo graças à renovação lacaniana.

Em 1981, os psicoterapeutas austríacos conseguiram quebrar o monopólio que reservava exclusivamente aos médicos o direito de praticar psicoterapias. Criaram então a Umbrella Organization of Psychotherapy Associations, a qual acolheu em seu seio representantes de todos os métodos e praticantes oriundos de todas as profissões da saúde: psicólogos, trabalhadores sociais, educadores etc. Onze anos mais tarde, agrupados em uma poderosa associação, obtiveram do Estado, fato único na Europa, o reconhecimento social de seu status e a atribuição, pelos serviços de saúde, de cuidar de certos pacientes cujos tratamentos puderam então ser reembolsados.

Nesse contexto, a psicanálise é considerada pelo Estado como uma psicoterapia especial, seja praticada por médicos, psicólogos, ou psicoterapeutas.[16] Quanto aos psicanalistas, muito pouco numerosos em virtude do exílio de Freud e de todos os seus companheiros em 1938, dividiram-se em dois grupos: os afiliados à IPA e os de obediência lacaniana e oriundos dos Círculos da Psicologia Profunda criados por Igor Caruso em 1947. Não raro estetas e eruditos, fazem questão de se des-

---

[16] Há, na Áustria, 5.367 psicoterapeutas em exercício, 85 psicanalistas membros da Wiener Psychoanalytische Vereinigung (WPV) e uma centena de psicanalistas lacanianos ou membros dos Círculos de Igor Caruso. Cf. Elisabeth Roudinesco e Michel Plon, *Dictionnaire de la psychanalyse*, op.cit.

marcar dos psicoterapeutas num país que apagou de sua história o nome de Freud.

Na Grã-Bretanha, numa primeira fase e como previra Jones, a psicanálise tornou-se, sob a jurisdição da medicina, a disciplina-rainha no seio das psicoterapias. E estas tomaram então impulso significativo nas clínicas inglesas, sobretudo na Tavistock Clinic, onde eram tratados pacientes psicóticos ou *borderline*.[17] Porém, a partir de 1960, um lento declínio marcou os clínicos, agrupados na prestigiosa British Psychoanalytical Society (BPS), apesar disso a única habilitada a se designar como "psicanalítica" depois de ter acolhido Freud e sua família em 1938. Foi então que os psicoterapeutas começaram a se organizar criando a British Association of Counselling sem que o Estado jamais interviesse, já que no Reino Unido todas as profissões da saúde, incluindo a medicina, possuem status privado, cada uma dependendo de um organismo dotado de legislação específica. Em conseqüência, os psicoterapeutas receberam formações diversificadas. Um bom número deles é de médicos, psiquiatras ou psicólogos, mas outros podem ser igualmente trabalhadores sociais, enfermeiros, padres ou pertencerem a profissões paramédicas.

Ao se autodesignarem como uma profissão "de auxílio verbal" e se separarem em 1992 dos psicanalistas da BPS, que criaram então sua própria associação de "psicoterapia psicanalítica", os psicoterapeutas de todas as tendências conseguiram se unir para fundar, em 1993, o United Kingdom Council of

---

[17] *Borderline state*: termo utilizado pelos clínicos norte-americanos e anglo-saxões para designar distúrbios da personalidade e da identidade que estão na fronteira entre a neurose e a psicose.

Psychotherapy (UKCP). Esse organismo agrupa atualmente oitenta organizações, sobretudo aquelas que praticam as novas terapias comportamentais, mas também grupos psicanalíticos não filiados à BPS, e freqüentemente de obediência lacaniana, bem como todo tipo de práticas clínicas, originárias tanto das escolas de psiquiatria dinâmica (Association of Jungian Analysts), como de movimentos terapêuticos provenientes da sociedade civil (Women Therapy Center, por exemplo).[18] O UKCP se autodefine como uma associação beneficente[19] tendo por objetivo "promover a arte e a ciência da psicoterapia a serviço do público, bem como a pesquisa e a formação". Entretanto, como aponta Adrian Rhodes, o UKCP está longe de organizar o conjunto dos psicoterapeutas, cujo efetivo está em progressão constante na Grã-Bretanha: existem, com efeito, cerca de quatro mil profissionais não "controlados" e não "registrados" – e nada permite afirmar que são "charlatães".[20] Só que a BPS designa como charlatão todo psicanalista que não faz parte do seu círculo, e sobretudo os lacanianos.

Nos dois grandes países que foram os iniciadores, de um lado, do nazismo, de outro, do fascismo, a Alemanha e a Itália, a psicanálise nunca conseguiu se reimplantar em virtude do exílio em massa de seus mestres fundadores. Na Alemanha, foi estigmatizada, enquanto tal, como uma "ciência judia". Era preciso portanto destruir suas instituições, erradicar seu vocabulário, sua influência cultural, seus conceitos. Depois de 1945,

---

[18] *National Register of Psychotherapists*, UKCP, 1998 e 2003. Seis mil psicoterapeutas estão registrados nesse anuário. Quanto à BPS, conta 300 membros. Cf. *Membership Handbook and Roster*, IPA, 2003.
[19] De acordo com a lei de 1901.
[20] Cf. Adrian M. Rhodes, "L'histoire de l'UKCP", in *La psychothérapie au XXIe siècle*, op.cit., p.132.

os que a praticavam foram submetidos a legislações estatais de tipo autoritário ou burocrático.

Na seqüência, foi vista como uma psicoterapia comum e, como as outras psicoterapias, enfeudada no poder médico e integrada às profissões da saúde. Hoje em dia só podem praticá-la "livremente" os detentores de diplomas reconhecidos pelo Estado, psicólogos ou psiquiatras. Todos os outros terapeutas são submetidos, seja qual for sua formação, à obrigação de uma recomendação entregue por um médico. Por conseguinte, ao contrário do paciente inglês, que o Estado considera suficientemente esclarecido para escolher livremente seu terapeuta, o paciente alemão é privado desse direito, a menos que decida escapar do sistema de saúde recorrendo, por sua própria conta e risco, a profissionais que o Estado vê como "charlatães". Os tratamentos são "periciados" por representantes das caixas de seguro-doença, públicas ou privadas, que podem interrompê-los a qualquer momento e que definem previamente o número de sessões requeridas por esta ou aquela patologia. Em conseqüência, as terapias cognitivo-comportamentais florescem num país onde, na falta de um número suficiente de leitores, a obra completa de Freud nunca pôde ser reeditada corretamente em sua língua original, apesar dos esforços de Ilse Grubrich-Simitis, a melhor especialista mundial nos manuscritos do mestre.

Na Itália, pela lei Ossicini[21] de 18 de fevereiro de 1989, o status das psicoterapias é completamente regulamentado em função da criação de um Conselho da Ordem dos Psicólogos, concebido no modelo daquele dos médicos. Conseqüentemente,

---

[21] Do nome de Adriano Ossicini, deputado comunista reformista (PDS).

apenas os psicólogos, médicos e cirurgiões estão habilitados a praticar psicoterapias, sem que nenhum status específico seja concedido aos psicoterapeutas ou aos psicanalistas não diplomados, suscetíveis, a qualquer momento, seja qual for sua formação, de serem perseguidos por exercício ilegal da psicoterapia.

Entretanto, é verdade, o Conselho da Ordem dos Psicólogos definiu o âmbito dentro do qual essas instituições de psicoterapia poderão ser credenciadas pelo Estado quando seus membros não dispuserem dos diplomas requeridos.[22] Como a palavra "psicanálise" não é mencionada na lei, ela escapa a toda regulamentação... mas não tem nenhuma existência legal. Ao mesmo tempo, temendo os efeitos perversos de uma lei que coloca psicólogos e médicos no cume da hierarquia para o credenciamento das psicoterapias, os psicanalistas decidiram credenciar suas escolas de formação como institutos de psicoterapia. Para se assegurarem de obter a qualificação, os membros da Società Psicoanalitica Italiana (SPI), filiada à IPA, e os de três associações de obediência lacaniana aceitaram que a psicanálise se tornasse assim uma psicoterapia entre outras e que sua especialidade científica fosse abolida.[23]

Quanto aos psicanalistas que recusam esse enquadramento, foram deixados em paz, já que a lei não menciona sua disciplina. Mas nada impede que, em caso de queixa do paciente, sejam perseguidos por exercício ilegal da psicologia e da psicoterapia, na hipótese de não serem diplomados. Conseqüentemente, o paciente italiano, assim como o paciente alemão – e ao

---

[22] Cf. Gilbert Diaktine e Alain Gibeault, "Vers um statut européen de la psychanalyse", in *Monographies de la Revue Française de Psychanalyse: la psychanalyse et l'Europe de 1933*, Paris, PUF, 1993.
[23] Depoimento de Sergio Benvenuto, 15 mar 2004.

contrário do paciente inglês –, não é inteiramente livre para escolher seu terapeuta, salvo se, por sua conta e risco, sair do sistema imposto para recorrer a um terapeuta não controlado pela Ordem – em outras palavras, um "charlatão".

Compreende-se então que, quanto mais a relação do terapeuta com o Estado repousa sobre um sistema liberal, mais o paciente é visto como um sujeito livre, esclarecido, tendo o direito de se tratar junto a quem escolher fazê-lo. Ao contrário, quanto mais essa relação repousa sobre um sistema autoritário, arbitrário ou coercitivo, mais o paciente é considerado uma vítima potencial, não responsável por seus desejos e suas demandas. Num dos casos, privilegia-se o princípio de liberdade, no outro o princípio de segurança. Porém, seja qual for o sistema escolhido, a psicanálise é sempre vista pelo Estado como uma psicoterapia especial. As regulamentações liberais favorecem a expansão das psicoterapias em detrimento da psicanálise, já que supõem uma fragmentação da própria noção de subjetividade e uma divisão entre o sujeito (universal) e o indivíduo (relativo, categorial): a cada um sua terapia, segundo "sua diferença". Quanto às regulamentações autoritárias, não favorecem nem as psicoterapias nem a psicanálise, mas a enfeudação do psiquismo em políticas estatais de saúde mental e de perícia generalizada.

Entretanto, as legislações – seja quais forem – não são em nada responsáveis pela perda de influência da psicanálise em benefício das psicoterapias. Pois, com efeito, foi porque as sociedades psicanalíticas tornaram-se corporações de saúde, abandonando a ciência em prol da terapia – a pesquisa fundamental, "leiga", em prol da formação de paróquias – que elas se autodesignaram para o Estado como associações de psicoterapeutas.

Na França, até outubro de 2003, os psicanalistas tinham conseguido evitar toda forma de regulamentação, ao preço de travar com os psicoterapeutas uma batalha permanente, tão feroz quanto ineficaz. A partir de 1983, porém, Serge Leclaire, mais preocupado com o espírito das leis e com a dignidade da República freudiana do que com reivindicações de classe, compreendera a que ponto a psicanálise achava-se ameaçada de corporativismo em função da esclerose de suas instituições. Eis por que, em 15 de dezembro de 1989, anunciou por intermédio da imprensa a criação de uma Association pour une Instance Ordinale des Psychanalystes (APUI): "Há cerca de trinta anos, dizia, o movimento psicanalítico francês é o melhor e o mais vigoroso do mundo. Isso ainda é verdade, sobretudo se comparado ao dos Estados Unidos. Ora, tenho a impressão de que isso vem se esclerosando numa espécie de guerra de religiões, em discussões teóricas que não comportam mais invenção. E não é desejável que o movimento analítico francês se aproxime do prazo de 1992[24] nesse estado de fraqueza ... O risco atual é que a análise seja afogada, diluída ... A maioria dos analistas na França não têm notoriedade. Não se encontram nos aparelhos institucionais. Formam uma geração de trinta e cinco/quarenta anos em nada interessada pela polêmica dos antigos. E estes precisam de um lugar, de um conjunto. Esta é a força de nossa iniciativa. Ela não é marcada por nenhum aparelho."[25]

---

[24] Serge Leclaire alude aqui ao Ato Único Europeu assinado em 31 de dezembro de 1992 pelos doze Estados membros da Comunidade Econômica Européia.
[25] Serge Leclaire "Entretien", *Libération*, 17 jan 1990. O documento fundador da APUI era assinado por Jacques Sédat, Daniele Lévy, Lucien Israël e Philippe Girard.

Sugerido por um alto funcionário do Estado, Alain Gerolami, o adjetivo "ordinal" fez tremer o conjunto da comunidade psicanalítica francesa, que dele se aproveitou para debochar do projeto, lembrando a seu autor que a Ordem dos Médicos fora criada pelo governo de Vichy. E no entanto, ele visava certo. Pois Leclaire, bem a par das diversas legislações européias, já se preocupava com as relações entre o Estado, as psicoterapias e a psicanálise. Não lhe deram ouvidos.[26]

Algum tempo depois da morte dele, Jacques Sédat modificou a significação de seu projeto para entrar, com seus amigos do "grupo de contato", na espiral de uma luta desprezível contra os psicoterapeutas, que desembocará no desastre das emendas de outubro de 2003 e janeiro e abril de 2004 evocadas no início deste livro: "Estamos atualmente, escrevia Jacques Sédat em 2001, em uma situação em que há clamor pela regulamentação por parte do público, clamor pela regulamentação por parte de um certo número de psicoterapeutas, que gostariam muito, talvez, de elevar sua dignidade alojando a psicanálise entre as psicoterapias, e clamor pela regulamentação por parte da comissão Vivien sobre as seitas, e pela preocupação de proteger o público demonstrada por pessoas como o doutor Accoyer, que tomou essa iniciativa parlamentar de inserir a psicoterapia no Código de Saúde Pública, restringido-a aos psiquiatras e aos doutores em psicologia."[27]

Quando se sabe, como mostrei, que a psicanálise tornou-se o equivalente "ideológico" de uma psicoterapia em vir-

---

[26] Atualmente, diversos psicanalistas, entre os quais Jacques-Alain Miller, reconhecem terem então se enganado.
[27] Jacques Sédat, "La psychanalyse et l'État", art.cit.

tude da orientação de suas associações, quando também se sabe que, em 2001, o fenômeno sectário já estava em retrocesso na França, e quando, em suma, se sabe a que catástrofe ética pode levar, para todos os cidadãos, a aplicação estrita do princípio de segurança em detrimento do princípio de liberdade, compreende-se quão retrógradas, fundamentalmente antieuropéias e discutíveis do ponto de vista constitucional[28] são as emendas em questão: "Esse governo, escreve François-Henri Briard,[29] digo-o publicamente, não tem coragem de tomar a questão a peito e elaborar um verdadeiro projeto de lei... Utiliza-se, deturpando-o, o procedimento da emenda colada a um texto que nada tem a ver com a psicoterapia e discutida em alguns minutos por uma dúzia de parlamentares. Causa real consternação verificar que neste país fazem-se leis sobre tudo e qualquer coisa, é o que o vice-presidente do Conselho de Estado chama de 'gesticulação legislativa'."[30]

Não apenas essas emendas pretendem eximir da lei uma categoria de cidadãos (os psicanalistas) em detrimento de outra (os psicoterapeutas), como transferem para a alçada de um sistema médico autoritário e conservador o conjunto dos médicos da alma. Que elas tenham sido pretendidas, discutidas e ratificadas pelas doze sociedades psicanalíticas francesas só faz

---

[28] O direito de emenda é rigorosamente regulamentado pela Constituição francesa. Uma emenda só pode ser acolhida caso sua adoção onere os encargos públicos, o que poderia ser o caso, na medida em que esta de Mattei-Giraud é passível de aumentar o déficit da Previdência Social se os tratamentos tiverem que ser reembolsados. Além disso, essa emenda atenta contra a liberdade de iniciativa e põe em questão situações inexistentes. Enfim e sobretudo, introduz uma discriminação entre dois tipos de práticas similares aos olhos da lei: a psicanálise e a psicoterapia.

[29] Advogado no Conselho de Estado.

[30] François-Henri Briard, "L'amendement Accoyer est-il inconstitutionnel?", *La psychothérapie au XXI*ᵉ *siècle*, op.cit., p.139.

confirmar que a disciplina-rainha está em perigo neste país, uma vez que apenas um terço de seus representantes, apoiados por intelectuais, manifestaram publicamente seu desacordo com o ato de 12 de dezembro e com a política pública de rastreamento do sofrimento psíquico.

Como sair disso? Provavelmente um dia será preciso, e quanto mais cedo, melhor, que os psicanalistas transformados, como os psicoterapeutas, em profissionais da psique, possam propor ao Estado, depois de terem refletido nos diferentes sistemas europeus a que acabo de me referir, uma regulamentação original honesta e que leve em conta os interesses e desejos não apenas dos pacientes, mas de todas as "famílias" de terapeutas concernidos pelo sofrimento psíquico contemporâneo: psiquiatras, psicólogos, psicanalistas e psicoterapeutas.

"Se eu soubesse de alguma coisa útil à minha nação que fosse danosa a uma outra, dizia Montesquieu, eu não a proporia a meu príncipe, porque sou homem antes de ser francês ou ainda porque sou necessariamente homem, não sendo francês senão por acaso. Se soubesse de alguma coisa que me fosse útil e prejudicial à minha família, meu espírito a rejeitaria. Se soubesse de alguma coisa que fosse útil à minha família e que não o fosse à minha pátria, buscaria esquecê-la. Se soubesse de alguma coisa que fosse útil à minha pátria e que fosse prejudicial à Europa ou que fosse útil à Europa e prejudicial ao gênero humano, eu a veria como um crime."

Eis o espírito das leis.

Anexos

1 ～ O juramento de Hipócrates[1]

Juro, por Apolo médico, por Esculápio, Hígia e Panacéia, e tomo como testemunhas todos os deuses e todas as deusas, cumprir, seguindo o meu poder e minha razão, o juramento e o compromisso que se seguem:

1. Estimar, tanto quanto a meus pais, aquele que me ensinou esta arte. Partilharei com ele meus bens e, se necessário, proverei suas necessidades. Considerarei seus filhos como irmãos e, caso desejem aprender medicina, eu a ensinarei sem remuneração nem compromisso escrito.

2. Transmitirei os preceitos, lições orais e todo o restante do ensino a meus filhos, aos de meu mestre e aos discípulos ligados por um compromisso e um juramento de acordo com a lei médica, mas só a estes.

3. Aplicarei o regime dos doentes em benefício deles, segundo minhas forças e meu juízo, e abster-me-ei de todo mal e toda injustiça.

4. A ninguém administrarei veneno ainda que me peçam, e não tomarei a iniciativa de tal sugestão; da mesma forma, não administrarei substância abortiva a nenhuma mulher.

5. Passarei minha vida e exercerei minha arte na inocência e na pureza.

6. Não praticarei a talha.[2] Deixá-la-ei a cargo das pessoas que se ocupam disso.

---

[1] Nunca saberemos se se trata do texto autêntico de Hipócrates, pois a mais antiga versão está consignada num manuscrito bizantino do século IX de nossa era (nota de Antoine Courban).

[2] Extração de cálculos. O ponto 5 significa que o terapeuta se limita ao que deriva de sua prática.

7. Em qualquer casa que entrar, entrarei para o bem dos doentes, protegendo-me de qualquer malefício voluntário e corruptor, e sobretudo da sedução das mulheres e dos rapazes, livres ou escravos.

8. Seja o que for que eu tiver visto ou ouvido durante o exercício e mesmo fora do exercício de minha profissão, calarei sobre o que não precisa ser divulgado, considerando a discrição, em tais casos, como um dever.

9. Caso eu cumpra esse juramento sem infringi-lo, que me seja dado gozar felizmente da vida e de minha profissão, honrado eternamente entre os homens.

10. Caso o viole ou cometa perjúrio, que me aconteça o contrário.

2 ∼ Tentativa de classificação das medicinas da alma e do corpo:

1. **Medicinas arcaicas**
   Medicina faraônica
   Medicina meso-americana
   Medicina chinesa
   Medicina indiana (Ayurveda)
   Medicina grega pré-hipocrática

2. **Medicinas mágicas e religiosas**
   Xamanismo
   Transe
   Ritual vodu
   Ashram[1]*
   Exorcismo
   Práticas de curandeiros*, adivinhos*

3. **Medicina científica (aliança de uma clínica e de um sistema de pensamento)**
   A. Medicina grega (hipocrática), helenística (galênica), bizantina, árabe, latina
   B. Medicina científica moderna (século XIX). Na França: 196.000 profissionais divididos em cerca de quarenta especialidades, entre as quais a psiquiatria (13.600, dos quais 50% praticam a psicanálise). Oito milhões de pacientes estão às voltas com algum tipo de aborda-

---

[1] Os asteriscos indicam uma possível fronteira comum entre medicina mágica, medicina paralela, seita e psicoterapia.

gem psicológica (psicologia clínica), tratamento psíquico (psicanálise, psicoterapia) ou ingestão de psicotrópicos (psiquiatria).

C. Profissões ditas paramédicas: enfermeiros, kinesiterapeutas, podólogos, fonoaudiólogos, pedicures, etc.

4. Escolas de psiquiatria ou de psicopatologia ditas dinâmicas ou psicodinâmicas (aliança de uma clínica e de um sistema de pensamento):

A. Psicanálise (Sigmund Freud e seus herdeiros: seis grandes correntes no mundo a partir do freudismo clássico, quatro das quais presentes na International Psychoanalytical Association (IPA) fundada por Sigmund Freud em 1910: annafreudismo, *Ego Psychology*, *Self Psychology*, kleinismo, psicanálise existencial (*Daseinanalyse*), lacanismo. Na França, duas correntes principais (freudismo clássico e lacanismo) para cerca de 6.000 profissionais e 19 associações.

B. Psicologia clínica (Pierre Janet): diversas especialidades associadas às especialidades médicas: psicossomática, psicooncologia, psicodermatologia, psicogerontologia etc. Na França: 22.000 profissionais, dos quais 80% formados na psicanálise.

C. Psicoterapia institucional (ligada à psiquiatria).

D. Psicologia analítica (Carl Gustav Jung). Na França: 200 profissionais.

E. Psicologia individual (Alfred Adler).

5. Escolas de psicoterapia

Setecentas denominações no mundo, 50 na França, 7.500 profissionais, dos quais 500 psiquiatras e 1.000 psicólogos. Setenta e cinco por cento deles praticam a psicanálise, 70 institutos de formação, dos quais cerca de 30 agrupam-se em duas federações (FFdP, AFFOP). Lista não exaustiva.

A. Psicoterapias arcaicas ou clássicas:

Magnetismo fluídico (Franz Anton Mesmer)
Magnetismo simples (Puységur)
Hipnotismo
Sugestão

Método catártico
Sexoterapia (derivada da sexologia)
Sonho orientado
B. Psicoterapias psíquicas ou psicocorporais, derivadas ou dissidentes da psicanálise, conhecidas também como "novas terapias":
Psicodrama
Psicossíntese
Logoterapia
Training autógeno
Terapia familiar dita "sistêmica"
Gestalt-terapia
Análise transacional
Nova Era (movimento)
Psicoterapia Morita
Ashram*
Psicoterapia funcional
Abordagem centrada na pessoa
Hipnoterapia dita "ericksoniana"
Análise psico-orgânica
Sophia-análise
*Rebirth**
EmetAnálise
Arteterapia
Psicogenealogia
Programação neurolingüística (PNL)
Kinesiologia*
Massagem sensitiva
Energia específica para uma ecologia relacional essencial (ESPERE)
Afirmação de si
Vegetoterapia
Morfoanálise
Método Vittoz
Grito primal
Bioenergética

Análise caracterial (Wilhelm Reich)
Análise bioenergética (Alexander Lowen)
Co-conselho/apoio mútuo
Rolfing
Sofrologia
Amorologia
Relaxamento (7 métodos)
Counselling
Coaching
Haptonomia
C. Terapias do comportamento ditas também terapias cognitivo-comportamentais (TCC). Na França: 532 profissionais, na maioria psiquiatras, agrupados em duas associações:
Modificação do comportamento
Deprogramming
Debriefing
Dessensibilização pelos movimentos oculares
Gestão do estresse
Terapia cognitivo-analítica
Terapia comportamental
Terapia cognitivo-comportamental
Terapia dialético-comportamental
Terapia comportamental e cognitiva pela realidade virtual

6. Medicinas paralelas, ditas naturais ou alternativas, contemporâneas da medicina científica moderna, e medicinas ocultas

Duzentas no mundo segundo a OMS (lista não exaustiva). Na França: cerca de 100.000 profissionais médicos ou não-médicos, diplomados ou não diplomados, 30 milhões de pacientes:
Homeopatia
Auriculoterapia
Iridologia
Quirologia
Osteopatia
Quiropraxia

Kinesiologia*
Nova Era (movimento)
Fitoterapia
Aromaterapia
Gemoterapia
Nutricionismo
Instintoterapia
Macrobiótica
Espagiria
Hidroterapia
Mesoterapia
Neuralterapia
Reflexo plantar
Simpaticoterapia
Medicina antroposófica*
Naturopatia
Galvanismo
Ventosas
Sangrias
Endocrinoterapia endógena
Urinoterapia
Radiestesia
Diagnóstico por exame da língua
Diagnóstico astrológico
Acupuntura
Yin Yang
Astrologia psicanalítica
Tratamentos parapsicológicos
Astrólogos curandeiros
Videntes
Curandeiros*, adivinhos*

3 ~ As seitas contemporâneas

Entre 1983 e 1999 foram recenseadas na França 172 seitas, 500.000 pessoas tendo sido tocadas pelo fenômeno:

1. **Classificação geral:**
   Movimentos satânicos e apocalípticos
   Grupos neopagãos
   Movimentos ocultistas
   Movimentos orientalistas
   Igreja evangélica
   Grupos curandeiros

2. **Lista não exaustiva:**
   Moon
   Raelianos
   Igreja de Cientologia
   Sukyo Mahikari
   Krishna
   Brahma Kumari
   World Spiritual University
   Testemunhas de Jeová
   Mórmons
   Waco
   Christian Science
   Ordem do Templo Solar
   Meditação transcendental*
   Nova Acrópole
   Fraternidade Branca Universal
   Ecoovie

Kinesiologia*
Convite à Vida Intensa
Psicanálise tântrica
Ashram*
Nova Era (movimento)

Coleção Transmissão da Psicanálise

Linguagem e Psicanálise, Lingüística e Inconsciente
Freud, Saussure, Pichon, Lacan
Michel Arrivé

Fundamentos da Psicanálise De Freud a Lacan
vol.1: As bases conceituais
Marco Antonio Coutinho Jorge
(série especial)

Os Três Tempos da Lei
O mandamento siderante, a injunção do supereu e a invocação musical
Alain Didier-Weill

O Pai e sua Função em Psicanálise
Joël Dor

Freud & a Judeidade
A vocação do exílio
Betty Fuks
(série especial)

Clínica da Primeira Entrevista
Eva-Marie Golder

O Estranho Gozo do Próximo
Ética e psicanálise
Philippe Julien

Freud e a Sexualidade
O desvio biologizante
Jean Laplanche

Escritos Clínicos
Serge Leclaire

Introdução à Obra de Françoise Dolto
Michel H. Ledoux

Amor, Ódio, Separação
Maud Mannoni

Elas não Sabem o que Dizem
Virginia Woolf, as mulheres e a psicanálise
Maud Mannoni

O Nomeável e o Inominável
A última palavra da vida
Maud Mannoni

A Alucinação
e outros estudos lacanianos
J.-D. Nasio

Cinco Lições sobre a Teoria de Jacques Lacan
J.-D. Nasio

Como Trabalha um Psicanalista?
J.-D. Nasio

Os Grandes Casos de Psicose
J.-D. Nasio

A Histeria
Teoria e clínica psicanalítica
J.-D. Nasio

Introdução às Obras de Freud, Ferenczi, Groddeck, Klein, Winnicott, Dolto, Lacan
J.-D. Nasio (dir.)

Lições sobre os 7 Conceitos Cruciais da Psicanálise
J.-D. Nasio

O Livro da Dor e do Amor
J.-D. Nasio

O Olhar em Psicanálise
J.-D. Nasio

O Prazer de Ler Freud
J.-D. Nasio

Psicossomática
As formações do objeto *a*
J.-D. Nasio

Conversas com o Homem dos Lobos
Karin Obholzer

Sujeito e Singularidade
Ensaio sobre a construção da diferença
Olandina M.C. de Assis Pacheco

A Foraclusão
Presos do lado de fora
Solal Rabinovitch

Eros e Verdade
Lacan, Foucault e a questão da ética
John Rajchman

A Ética da Diferença
Um debate entre psicanálise e antropologia
Doris Rinaldi

A Força do Desejo
O âmago da psicanálise
Guy Rosolato

Pulsão e Linguagem
Esboço de uma concepção psicanalítica do ato
Ana Maria Rudge

As Dimensões do Gozo
Do mito da pulsão à deriva do gozo
Patrick Valas

Este livro foi composto por Textos & Formas,
em Minion e Frutiger Roman, e impresso por
Cromosete Gráfica e Editora em fevereiro de 2005.